글 김성화·권수진

부산대학교에서 생물학, 분자생물학을 공부했습니다. 《과학자와 놀자》로 창비 좋은어린이책 상을 받았습니다. 첨단 과학은 신기한 뉴스거리가 아니라 물리 법칙으로 가능한 과학 세계의 이야기라는 것을 들려주려고 미래 과학 시리즈를 쓰기 시작했고, 첫 권으로 《미래가 온다, 로봇》이 출간됐습니다.
《고래는 왜 바다로 갔을까?》, 《과학은 공식이 아니라 이야기란다》, 《파인만, 과학을 웃겨 주세요》, 《우주: 우리우주에 무슨 일이 있었던 거야?》, 《지구: 넓고 넓은 우주에 기적이 하나 있어》, 《뉴턴》, 《만만한 수학: 점이 뭐야?》 등을 썼습니다.

그림 김영수

이야기 속의 주인공이 된 듯 상상하며, 어린이책에 그림을 그리는 일을 합니다.
그린 책으로 《팔만대장경을 지키는 비밀》, 《생각의 길을 열어 주는 철학 나침반》, 《작은 콩 한 알》, 《버섯 인간과 마법의 식물》 등이 있습니다.

미래가 온다
나노봇

와이즈만 BOOKs

미래가 온다 나노봇

1판 1쇄 발행 2019년 5월 2일 | 1판 16쇄 발행 2025년 6월 15일

글 김성화 권수진 | 그림 김영수 | 발행처 와이즈만 BOOKs

발행인 염만숙 | 출판사업본부장 김현정 | 편집 김예지 양다운 이지웅
기획진행 임형진 | 디자인 권석연 | 마케팅 강윤현 백미영 장하라

출판등록 1998년 7월 23일 제1998-000170 | 제조국 대한민국
주소 서울특별시 서초구 남부순환로 2219 나노빌딩 5층
전화 마케팅 02-2033-8987 편집 02-2033-8928 | 팩스 02-3474-1411
전자우편 books@askwhy.co.kr | 홈페이지 mindalive.co.kr | 사용연령 8세 이상
ISBN 979-11-87513-60-5 74500 979-11-87513-57-5(세트)

ⓒ 2019, 김성화 권수진 김영수 임형진
이 책의 저작권은 김성화, 권수진, 김영수, 임형진에게 있습니다.
저자와 출판사의 허락 없이 내용의 일부를 인용하거나 발췌하는 것을 금합니다.

잘못된 책은 구입처에서 바꿔 드립니다.

와이즈만 BOOKs는 (주)창의와탐구의 출판 브랜드입니다.
KC마크는 이 제품이 공통안전기준에 적합하였음을 의미합니다.

미래가 온다 나노봇

김성화·권수진 글 | 김영수 그림

2090년 어느 날,
너는 바람을 가르며 자전거를 달려.
잠깐 쉬려고 멈추면 자전거가 의자로 변신해!
앗, 비가 쏟아져.
집에 와서 우산을 탈탈 털고 접어 무릎에 올리면,
와우! 뭐가 되면 좋겠어?

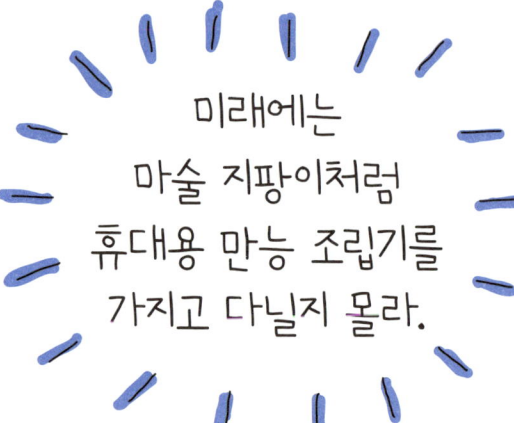

미래에는
마술 지팡이처럼
휴대용 만능 조립기를
가지고 다닐지 몰라.

몇 가지 재료를 넣으면 만능 조립 기계가 무엇이나 만들어 줘!
그런 날이 정말 올까? 어떻게 그런 일이 가능할까?
자연은 겨우 몇 가지 재료로 나무와 별, 돌과 구름, 코끼리,
물, 다이아몬드를 만들어. 몇 가지 분자들이 변신하여 세상
모든 것이 돼! 컴퓨터도 없고, 뇌도 없고, 계획도 없어.
오로지 분자들이 신비로운 마술을 부리는 거야!

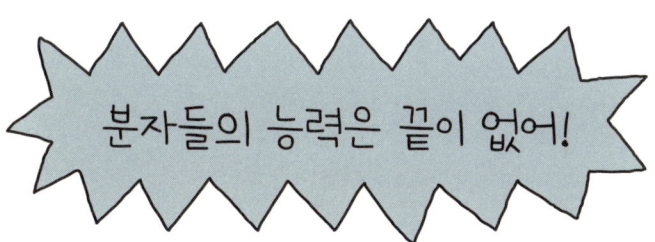

분자들의 능력은 끝이 없어!

미래에는 분자들이 지금까지 하지 못했던 굉장한 일을 하게
될 거야. 꼬물꼬물 슉슉! 나노봇 군단이 몰려오고 있어!

01 위대한 재료 09

02 원자가 나타났다! 19

03 원자의 마법 25

04 원자는 너무 작아! 43

05 나노 세계 가상 체험 57

나노 세계로! GO!

06 내 몸속에 분자 기계가 있다고? 65

07 분자 로봇 83

08 만능 분자 조립기 97

09 탄소 혁명 105

10 나노봇이 지구를 구할까? 125

01 위대한 재료

지구가 없었을 때, 태양이 없고 별들도 없었을 때.

맨 처음 우주를 만든 재료가 무엇이었는지 아니?

우주가 무엇으로 되어 있는지 말이야!

어서 와!

맨 처음에 우주는 죽 같았어.
뜨거운 죽처럼 걸쭉했지.

우주의 온도는
1000000000000000000

"헐! 그게 얼마야?"

상상도 할 수 없을걸.

하지만 우주는 차츰차츰 식어 갔어.

우주가 조금 식었을 때, 그 일이 일어났어.

"무슨 일인데?"

소립자가 뭉치고 있어!

"소립자라고? 그게 뭐야?"

알갱이야. 너무 작아서 눈에도 안 보이고 만질 수도 없는

작고, 작고, 작고, 작고, 작은 알갱이.

우주 태초의 알갱이들…….

천 년이 지나고,

만 년이 지나고,

38만 년이 흘러.

우주의 온도가 3000℃로 내려갔을 때, 소립자가 뭉쳐 마침내

수소가 돼!

수소는 너무 작아서 볼 수 없지만,
볼 수 있다면
아마도 이렇게 생겼을 거야.

우주에 있는 물질의 90퍼센트가 수소라면 믿을 수 있겠어?
"그럼 나머지 10퍼센트는 뭐야?"
나머지 원자들!
탄소와 산소, 질소와 규소, 알루미늄, 칼슘, 마그네슘, 나트륨, 인, 황, 은과 금과 철과 백금, 납, 우라늄…….
모두 92가지 원자들.
겨우 92가지 원자로 우주의 물질이 모두 만들어졌어!
"겨우라고?"
물론이야.
달과 지구, 태양과 별들, 혜성과 소행성, 돌과 나무, 구름, 왕관, 공기, 플라스틱, 소금, 볼펜, 염소, 휴대폰, 아인슈타인, 그리고 너! 세상 모든 만물이 겨우 92가지 원자로 되어 있어!

네 몸의 재료는
탄소와 산소, 수소와 질소야.

너는 원자로 되어 있어.

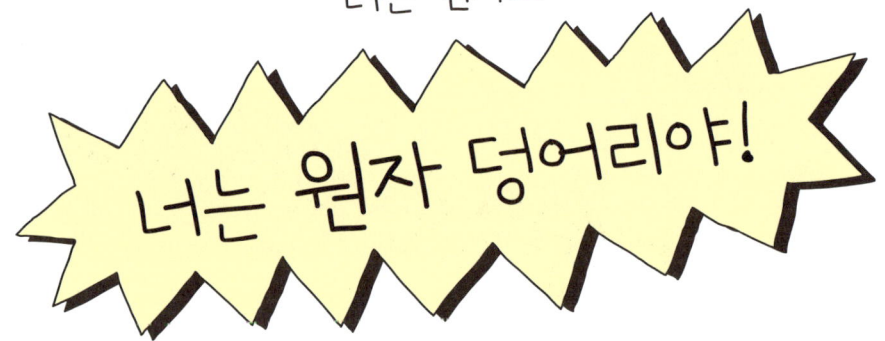

원자들이 어떻게 생겨났을까?
맨 처음에는 수소밖에 없었어.
다른 원자는 하나도 없어.
별도 없고, 은하도 없고, 먼지 한 톨도 없어!
"아무것도?"
아무것도!
"그럼 어떻게 생겨났어?"
옛날옛날에 수소가 뭉치고, 뭉치고, 뭉치고, 어마어마하게 뭉쳐서 별이 되었어!
별들이 수소를 태워 원자를 만들어! 작고 가벼운 별들이 가벼운 원자를, 크고 무거운 별들이 더 커다란 원자를 만들어.
하지만 별들도 언젠가는 죽어!
별이 죽을 때 원자들을 우주에 흩뿌려!

원자들이
머나먼 우주를 떠돌아
달이 되고 지구가 되고,
마침내
너의 몸속에 들어와
네가 된 거야!
원자 하나라도
우주에서 오지 않은 것은
없어!

과학자들이 찾아낸

우주의 원자들이야!

우주에 원자들이 92가지 있어. 수소부터 우라늄까지!
그런데 원자마다 성격이 하늘과 땅 차이야.
수소는 훨훨 날아다니고, 금은 반짝거리고, 황은 고약한 냄새를 풍겨. 알루미늄은 물렁하고, 철은 무겁고 단단해!
"왜 그런 거야?"
아무도 그걸 모른다는 거야!
"과학자도?"
과학자도!
원자들은 그저 동그란 공 모양일 뿐인데, 원자들이 모여 이상한 일이 생겨.
"무슨 일인데?"

원자들은 너랑 똑같아! 원자들은 혼자 있기를 싫어해.
원자들끼리 붙어 다녀.
"어떻게?"
원자들의 모양에 비밀이 있어. 원자의 한가운데 거대한 핵이 있고, 바깥에 전자들이 둘러 있어. 그런데 어떤 원자는 전자가 남고, 어떤 원자는 전자가 모자라. 그래서 딱 맞는 짝을 만나면 착 달라붙어!

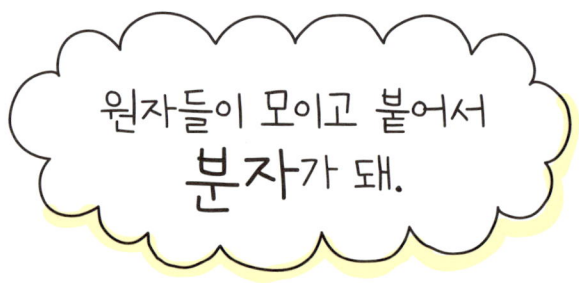

원자들이 모여 분자가 되고, 분자들이 비밀스럽게 무슨 일인가를 벌여!
분자들이 이렇게 저렇게 모여 공기가 되고, 물이 되고, 흙이 되고, 플라스틱이 돼. 고래가 돼!

나는 무려 30000kg의 분자 덩어리야!

분자가 어떻게 고래가 될까?
분자에 무슨 비밀이 있을까?
화학자들이 하루 종일 분자의 비밀을 캐. 원자들이 어떻게 모여 수만 가지 분자가 되는지, 어떤 원자가 어떤 원자를 좋아하는지, 어떤 원자가 어떤 원자를 싫어하는지…….
화학자는 분자들의 연금술사야. 물질을 부수고, 쪼개고, 끓이고, 거르고, 섞고, 휘저어. 분자를 떼었다 붙였다, 코를 킁킁 냄새를 맡아. 온 세상 물질이 무슨 무슨 원자로 되어 있는지 알아내.
물은 수소와 산소로 되어 있어! 밥은 탄소, 수소, 산소로 되어 있고, 소금은 나트륨과 염소로 되어 있어! 설탕은 탄소와 수소와 산소로 되어 있고, 나일론은 탄소와 수소, 산소, 질소로 되어 있어!
"뭐야, 재료가 거의 다 똑같잖아!"
바로 그거야! 자연은 겨우 몇 가지 원자로 세상 모든 것을 만들어.
"정말?"
정말!
물을 누가 만들었을까? 소금을 누가 만들었지?
분자들이 물을 만들어. 소금을 만들어. 설탕을 만들어!

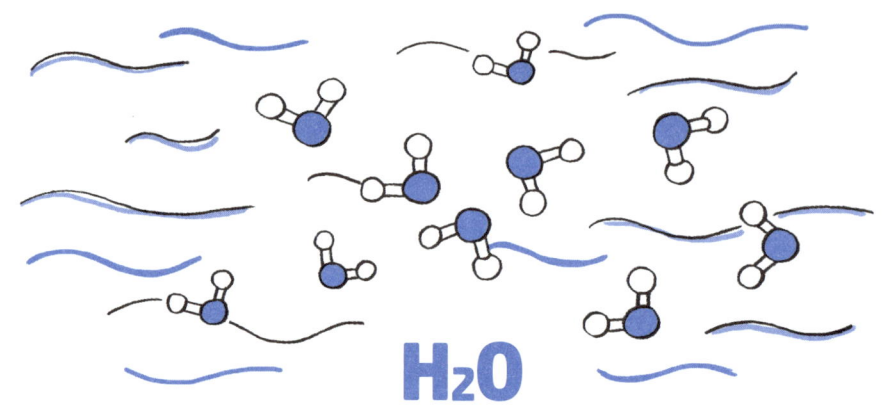

수소와 산소가
이렇게 만나 물이 돼!

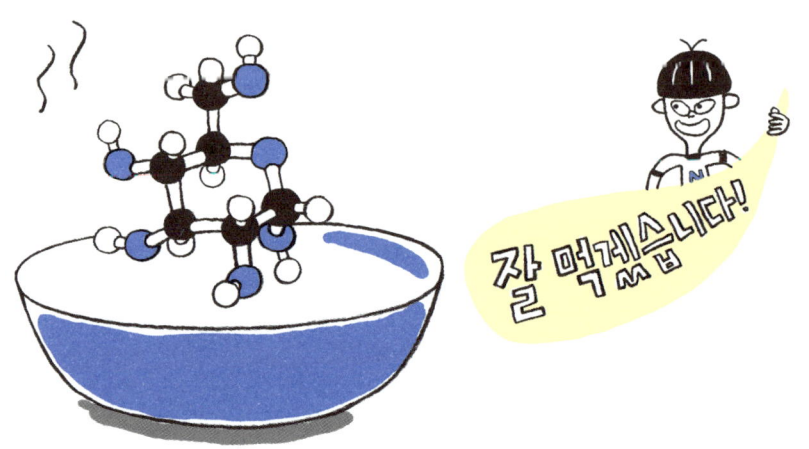

탄소와 수소, 산소가 이렇게
모여 밥이 되고,

탄소와 수소, 산소, 질소가 줄을 지어
나일론이 돼!

나트륨과 염소가
격자 모양으로 쌓여
소금이 되고,

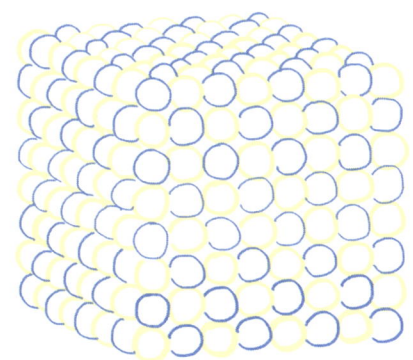

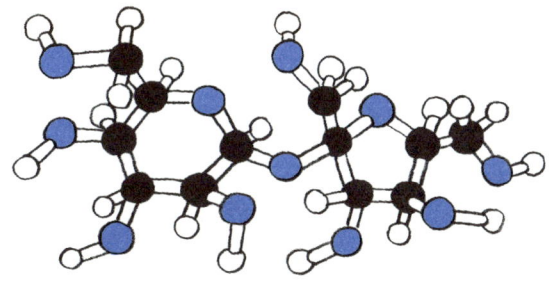

탄소, 수소, 산소가
이렇게 얽혀
설탕이 되었어!

○는 수소야, ●는 산소이고 ●는 탄소, ○는 질소야. ○는 나트륨, ○는 염소야.

분자를 도로 떼어 놓을 수도 있을까?
"무슨 말이야?"
분자를 도로 원자로 떼!
물을 도로 수소와 산소로 떼고, 소금을 도로 염소와 나트륨 원자로 떼는 거야!
할 수 있을까?

안 돼!

"그럼 어떻게 하는 거야?"

우리는 모르지만 화학자는 알아!

화학자들은 분자를 떼었다 붙였다 할 수 있어. 끓이고, 녹이고, 전기를 흘려보내고, 빛을 쏘고, 방사선을 쬐.

하지만 세상에는 너무 많은 물질이 있고, 너무 많은 분자 덩어리가 있는데, 그 비밀을 다 알 수가 없다는 거야.

쉿, 우주에서 가장 신비롭고 기이한 분자가 너의 몸속에 있어!

길—고, 꼬불꼬불하고, 아주아주 많아!

머리카락에도 있고, 이빨에도 있고, 손톱에도 있고, 뼈에도 있고, 침에도 있고, 똥에도 있어!

"세균이야?"

물론 세균에도 그게 들어 있어!

"뭐지?"

바로바로 **DNA**야.

너의 몸속에 수많은 DNA가 있어. 유전자 말이야.

DNA는 무엇으로 되어 있을까?

DNA는 기다란 분자 덩어리야.

수많은 원자들이 모여 DNA 분자가 되었어.

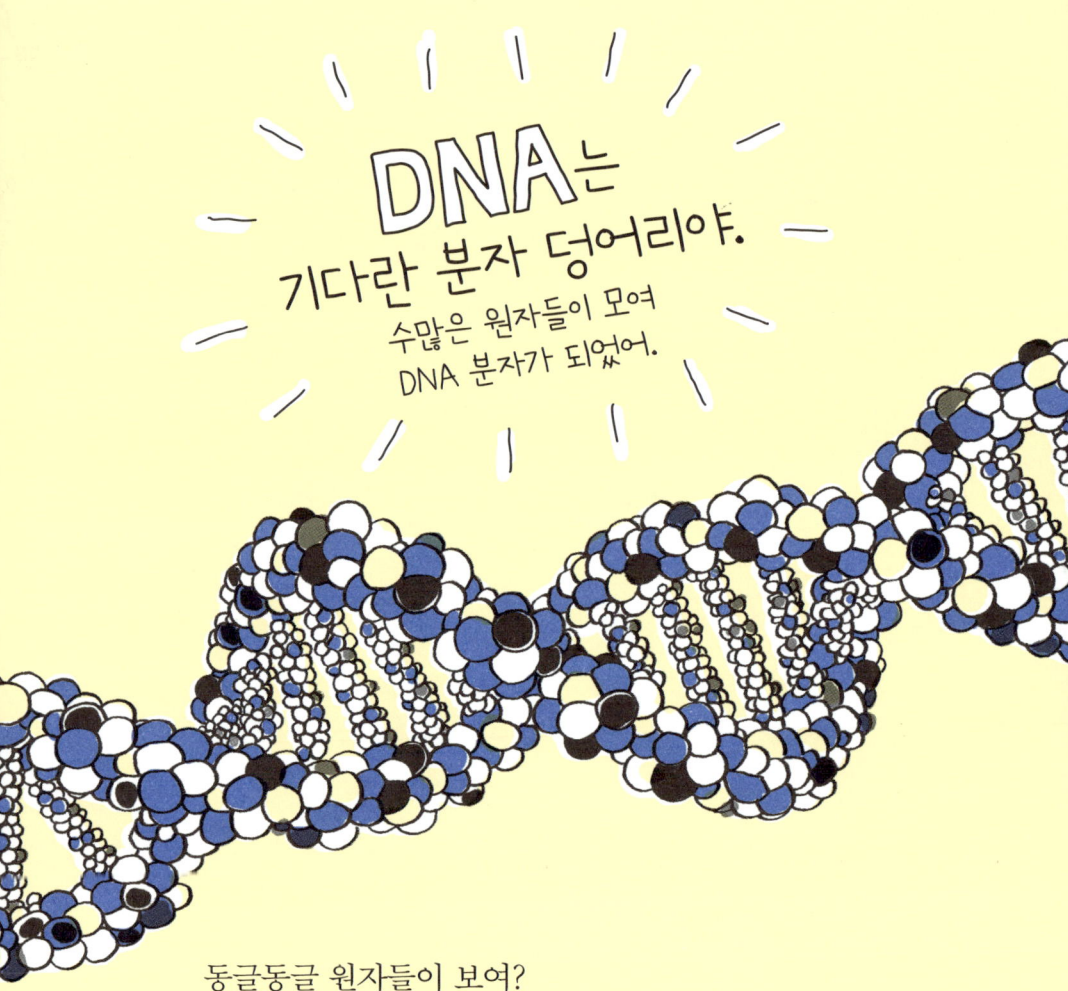

동글동글 원자들이 보여?
DNA 속에 원자들이 가득차 있어!
원자들이 몇 개일까?
"너무 많아!"
하지만 종류는 몇 개 없어. 탄소와 산소, 수소, 질소, 인, 겨우 다섯 가지 원자들이 이렇게 저렇게 모여 구불구불 DNA가 되었어.

원자들이 어떻게 모이고, 꼬이고, 접혀서 구불구불 DNA가 되었을까? 36억 년 전에 원자들이 알 수 없는 이유로 모이고 붙어 DNA가 되었어.

자연은 어떻게 원자를 쌓아 분자를 만들고, 분자를 쌓아 돌멩이와 다이아몬드와 DNA와 파리와 코끼리를 만드는 걸까?

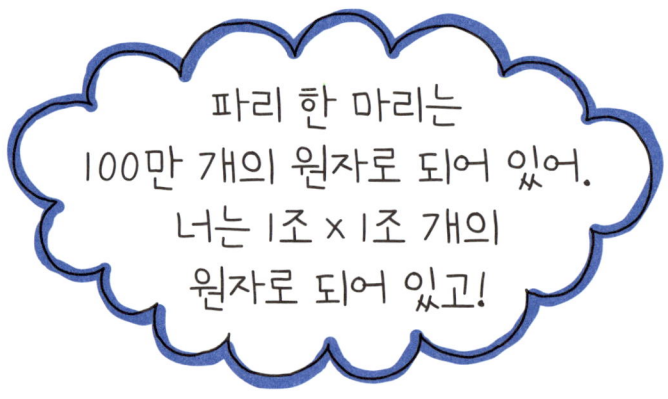

파리 한 마리는 100만 개의 원자로 되어 있어. 너는 1조 × 1조 개의 원자로 되어 있고!

자연은 분자 레고 블록이 모여서 된 걸작품이야!
여기엔 이런 블록을, 저기엔 저런 블록을, 알록달록 작은 블록을 쌓고 끼우고, 커다란 블록을 만들어. 커다란 블록을 조립하여 더 커다란 블록을 만들어.

분자 레고 블록으로 물, 공기, 소금, 모래, 다이아몬드, DNA, 꽃, 바퀴벌레, 고사리, 코끼리가 되었어.

그리고 네가 되었어!

원자와 분자는
자연이 가지고 노는
장난감 블록 같아.
자연이 원자와 분자를 쌓아
모든 것을 만들어.

인류는 분자가 무엇인지 모르던 먼 옛날부터 자연이 만들어 준 분자 덩어리를 이용하며 살고 있어. 나무 분자 덩어리를 잘라 뗏목을 만들고 움막을 짓고, 동물 가죽 분자 덩어리를 두드려 옷을 만들고, 단단한 씨앗 분자 덩어리를 익혀 물렁물렁 밥을 지었어. 부슬부슬 흙을 구워 단단한 항아리로 만들고, 동물 뼈 분자 덩어리를 다듬어 바늘을 만들었어. 모두모두 자연의 분자 덩어리야. 분자 덩어리가 분자 덩어리로 변신해!
땅속에서 분자 덩어리를 캐내 자동차를 만들고, 빌딩을 짓고, 우주선을 만들어. 플라스틱을 만들어!
석기 시대 최첨단 과학자는 돌멩이 분자 덩어리로 화살촉을 만들고, 21세기의 과학자는 모래 분자 덩어리로 실리콘 칩을 만들어. 모래도 실리콘 칩도 재료가 똑같아! 둘 다 규소라는 분자 덩어리야!

석기 시대 최첨단 기술

사람들은 자연이 만들어 놓은 분자 덩어리로 놀라운
물건들을 발명했지만, 대단한 발명품들의 맨처음 재료는
모두모두 자연이 만든 거야.
자연이 수십억 년 만들어 놓은 모래 분자 덩어리로 사람들은
컴퓨터 칩을 만들고, 자연이 식물의 몸속에 만들어 준 분자
덩어리로 약을 만들었어. 하지만 컴퓨터는 너무 크고 여전히
멍청해. 약은 아직도 부작용이 너무 많아!
만약에 자연이 그런 걸 만들기로 작정한다면 훨씬 더
완벽하게 잘 할 텐데!
"자연은 왜 안 해?"
자연은 컴퓨터나 약 따위가 필요없어. 자연은 그보다 훨씬 더
대단한 발명품을 만들었다고!
자연이 분자 덩어리로 우주에서 가장 놀라운 분자 덩어리를
조립했는데 그게 뭔지 알아?
바로바로 생명이야! 자연이 DNA 분자 덩어리와 단백질
분자 덩어리로 바로바로 너를 만들었어! 자연은 시끄러운
소리도, 시커먼 연기도, 쓰레기도 만들지 않고 조용하고
은밀하게 위대한 작품을 만들어!

사람들은 자연이 만들어 준 분자 덩어리를 이용하며 살고 있을 뿐이야. 자연이 만들어 놓은 분자 덩어리를 파고, 깨고, 부수고, 자르고, 이렇게 저렇게 가공하느라 인간의 공장은 그렇게 거대한 거야. 소리는 시끄럽고 굴뚝에서 날마다 시커먼 연기가 피어올라. 쓰고 남은 자투리 분자 덩어리가 연기가 되고 쓰레기가 돼!

자연의 공장은 조용조용 신속하게 원자를 쌓아 분자를 만들어. 일사분란하게 분자를 조립하여 뼈와 나무, 가죽, 양털을 만들어. 너는 혹시 뼈가 자라는 소리를 들어보았니? 나무가 자라는 소리나 양이 양털을 만드는 소리를!

우리도 자연이 하는 것처럼 원자와 분자를 쌓아 소리도 없이 신속 정확하게 만들 수 있다면! 원자와 분자로 블록을 쌓고 쌓아 무엇이나 만들 수 있다면!

그건 바로
우리가 너무
거대하기
때문이야!
손가락이
너무
거대하기
때문이지!

원자를 하나씩 집을 수 있을까? 쌓을 수 있을까?
그건 마치 포크레인으로 모래알을 한 알씩 집어 올려 빌딩을 지으려고 하는 것과 같아.
원자는 너무 작아!
원자가 얼마나 작은지 네가 상상할 수 있다면 좋을 텐데!
"얼마나 작은데?"
모기에서 시작해 볼까? 모기는 정말 작으니까! 이제 눈을 감고 모기보다 백배 더 작은 걸 상상해. 그것보다도 백배 더 작은 것을 상상해. 그게 바로 세균이야!
이제 세균보다도 백배 더 작은 것을 상상해야 해.
그리고 그것보다도 백배 더 작은 것을 상상해!
"어지러워!"
그게 바로 원자의 크기야. 원자는 너무 작아서 0.0000001밀리미터쯤 돼.
"그게 얼마만큼인데?"
여기 눈금자가 있어. 1밀리미터가 보여?
"보여!"

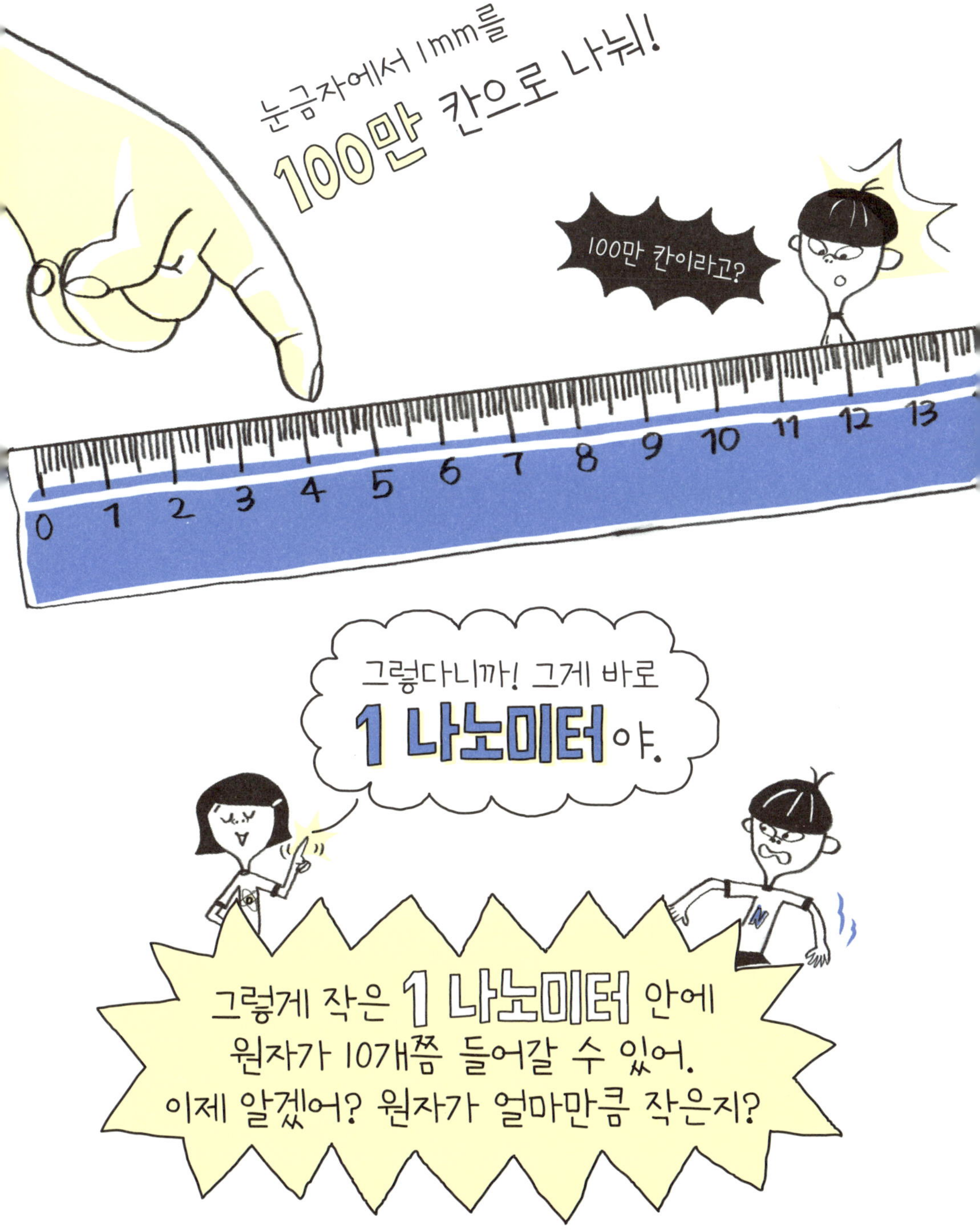

눈금자에서 1mm를
100만 칸으로 나눠!

100만 칸이라고?

그렇다니까! 그게 바로
1 나노미터야.

그렇게 작은 **1 나노미터** 안에 원자가 10개쯤 들어갈 수 있어. 이제 알겠어? 원자가 얼마만큼 작은지?

1나노미터는 너의 손톱이 1초 동안 자라는 길이야. 째깍째깍 1초마다 너의 손톱에 원자가 10개씩 늘어나고 있어!
너의 손톱은 하루에 86400나노미터씩 자라!
그렇게 작은 원자를 볼 수 있을까?
어림도 없어.
원자는 너무 작아서 볼 수 없어. 아니, 있는지 없는지도 알 수 없어.
그런데 화학자와 물리학자와 철학자가 힘을 합해 생각하고, 생각하고, 또 생각하고, 이 세상에는 원자가 있어야만 한다는 것을 생각해냈지.
"생각해냈다고?"
그렇다니까! 처음에는 상상만 했는데, 그게 진짜로 있다는 걸 알게 된 거야!
원자는 너무 작아서 보통 현미경으로는 볼 수 없어. 현미경은 가시광선으로 물체를 보는데 원자가 너무 작아서 빛이 원자를 지나쳐 버릴 정도야. 빛 알갱이로 원자를 보겠다는 건, 마치 공을 마구 던져서 머리카락만 한 틈새로 집어넣으려는 것과 같아.
과학자들도 원자는 결코 볼 수 없을 거라고 생각했어.
그런데 원자를 보았다면 믿을 수 있겠어?
"정말?"

1981년에 로러와 비니히라는 과학자가
주사 터널 현미경을 발명했어.
"주사랑 터널이랑 현미경이야?"
아니, 현미경이라고! 하지만 보통 현미경과는 생김새가 딴판이야. 마치 바늘이 달린 구식 축음기처럼 생겼어.
그건 빛으로 원자를 보지 않아.
그건 원자로 원자를 봐!
"어떻게?"
현미경 끝에 가느다란 탐침을 달아. 텅스텐이나 철로 된 가느다란 바늘이야. 탐침의 원자들이 닿을락 말락 아래쪽 원자들을 훑으며 지나가. 닿을 듯 말 듯 원자가 원자를 스칠 때 원자와 원자 사이에 전기가 흘러!
울퉁불퉁 원자들이 늘어선 모양을 따라 전기가 흐르고, 그때마다 바늘이 오르내리며 원자의 배열을 컴퓨터 화면에 스캔해 줘. 마치 손으로 더듬어 점자책을 읽듯이, 바늘로 훑으며 오돌토돌 모양을 읽어!
"우아!"

주사 터널 현미경으로 로러와 비니히는 노벨상을 받았어. 위대한 발견이 아니라 위대한 물건에 노벨상을 준 건 처음이야. 사람들은 그게 그렇게 대단한 걸까 의아했지. 하지만 주사 터널 현미경으로 인류가 한 번도 보지 못했던 세계가 활짝 열렸어!

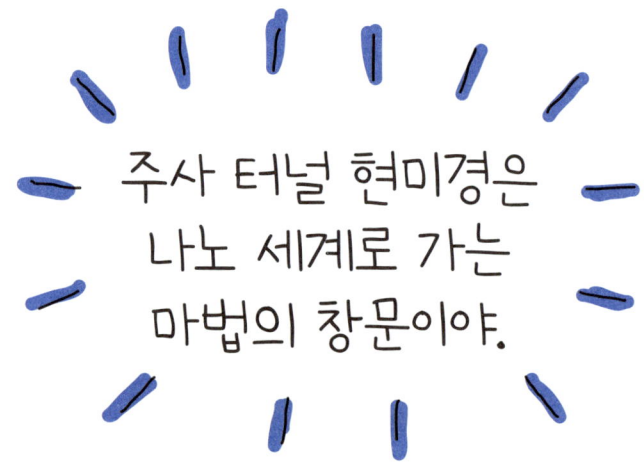

주사 터널 현미경은 나노 세계로 가는 마법의 창문이야.

아주아주, 아주아주 작은 것들의 세상에 무슨 일이 기다리고 있을지 아무도 몰라!
과학자들은 그때까지 한 번도 보지 못했던 물질의 표면 세계를 원자의 수준으로 들여다보게 되었어. 원자를 보고 만지고, 원자를 한 개 한 개 떼었다 붙였다 옮길 수 있게 되었어!

볼래? 과학자들이 일산화 탄소 분자 28개로 그렸어.

세상에서 가장 작은 아이야!

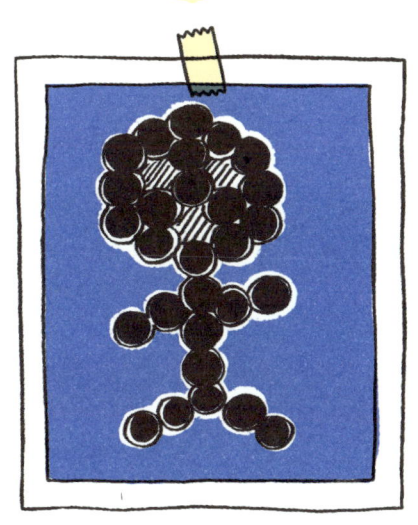

와~

눈도 있고,
코도 있고,
입도 있어!

1959년에 물리학자 리처드 파인만이 말했어.
원자를 한 개 한 개 쌓아 무엇이나 만들 수 있는데, 그것을
금지하는 물리 법칙은 없다고 말이야.

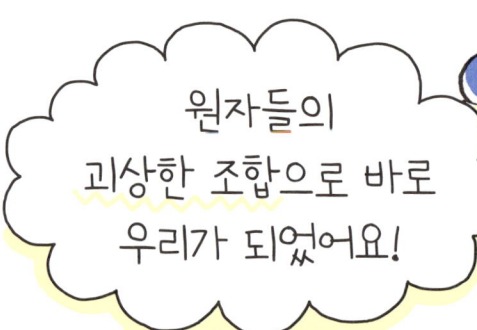

원자들의
괴상한 조합으로 바로
우리가 되었어요!

과학자들은 농담이라고 생각했어.
파인만은 정말로 농담을 잘하는 과학자였거든.
20년도 지나지 않아서 파인만의 예언이 실현되었어.
주사 터널 현미경이 발명되어 과학자들은 원자를 눈으로
보며 정말로 원자를 한 개 한 개 다룰 수 있게 되었어!

"정말?"

안 될 거 없지!

화학자는 물질의 계보를 알고 있어. 무슨 물질이 무슨 무슨 원자로 되어 있는지, 몇 개로 되어 있는지……. 화학자들이 알려 주는 대로 원자를 배열해. 원자를 붙이고, 쌓아!

'몇 번 원자 옆에 몇 번 원자를 놓으시오.'

'108번째 원자 옆에 999999번째 원자를 놓으시오.'

화학자가 일러 주는 대로 물리학자가 원자를 조립해. 원자를 쌓고 쌓아 무엇이든 만들 수 있어. 바늘에서 우주선까지. 젤리부터 빌딩까지!

하지만 문제가 있어!

탐침으로 원자를 한 번에 하나씩 옮기는 방법으로는 못 하나를 만드는 데도 지구의 나이보다 더 오랜 시간이 걸린다는 거야! 모래알을 한 알씩 붙여 빌딩을 짓는다고 상상해 봐!

자연은 그렇게 하지 않아!
토끼와 민들레는 어떻게 커졌을까? 어떻게 그렇게 쑥쑥 자라는 거지? 토끼와 민들레는 수백조 개의 원자로 되어 있는데, 어떻게 원자를 쌓는 걸까?

너는 지금 분자의 세계로 떨어지는 중이야!
너의 몸이 점점, 점점 줄어들어 이상한 나라의 엘리스보다
더, 더, 더, 더 작아지고 있어!
엘리스가 여행한 것보다 더, 더, 더, 더 작은 나라로 갈 수
있다면 너는 분자가 그저 가만히 있는 구슬 같은 게
아니라는 걸 알게 될 거야.
미래의 과학관에는 나노 세계를 체험할 수 있는 가상
체험관이 있을지 몰라. 고글을 쓰고 장갑을 끼고 특수 재질로
된 옷을 입고, 와우!

나노 세계로!
GO!

분자들이 사방에서 잡아당겨!

너의 키가 50나노미터로 줄어들었어! 너의 몸이 4천만분의 1로 줄어들었다고!

동글동글 투명한 원자들이 보여?

벽을 만져 봐. 안개처럼 부드럽겠지만, 곧 딱딱하게 무언가에 닿는 느낌이 들어. 자갈이 깔린 것처럼 울퉁불퉁해.

"앗! 구멍 속으로 끌려 들어가는 느낌이야!"

분자들이 너를 잡아당기는 거야.

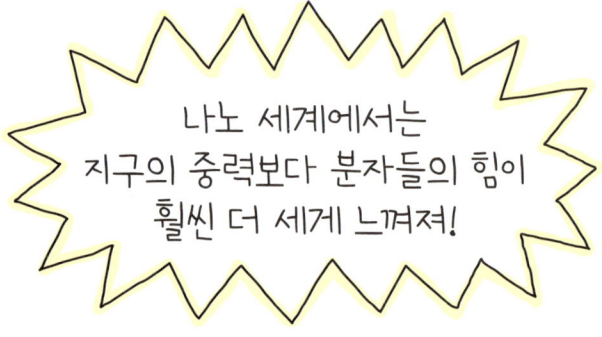

나노 세계에서는 지구의 중력보다 분자들의 힘이 훨씬 더 세게 느껴져!

정신 차려!

나노 세계에서는 모든 일이 초, 초, 초고속 카메라로 촬영하는 것처럼 빠른 속도로 일어나서 눈이 핑핑 돌아.

현실 세계에서 눈을 한 번 깜박일 동안

나노 세계에서는 눈을 4천만 번 깜박거리게 될 거야!

"말도 안 돼!"

"눈꺼풀이 닳아서 없어질 거야!"

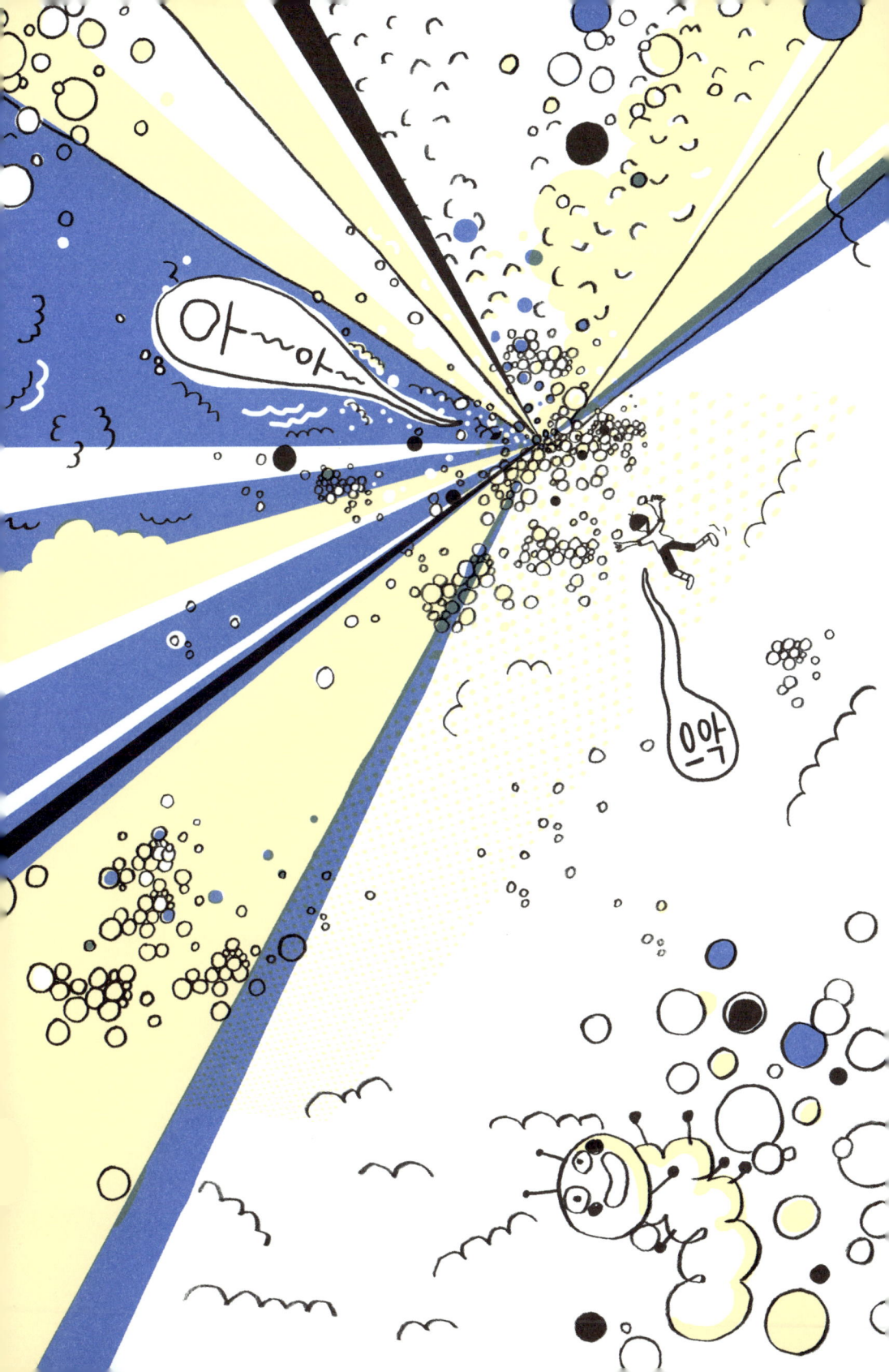

"어지러워!"

"토할 것 같아!"

바로 그거야! 분자 세계에서는 모든 일이 상상할 수 없는 속도로 빠르게 일어난다는 거야. 분자와 분자들이 알 수 없는 힘으로 서로서로 빠른 속도로 결합해.

토끼와 민들레의 몸속, 나노 분자들의 세계에서 정말로 그런 일이 일어나고 있어! 과학자들이 탐침으로 분자를 한 개 한 개 쌓을 동안 토끼의 분자들은 4천만 개, 8천만 개 거대한 분자 구조물을 쌓아.

분자는 분자를 끌어당겨! 분자가 분자를 끌어당겨서 점점 더 복잡하고 거대한 분자를 만들어. 분자 덩어리와 분자 덩어리들이 서로 결합하여 스스로 점점 더 크고 복잡한 구조물을 만들어. 분자들의 이런 놀라운 능력을 **자기 조립**이라고 불러.

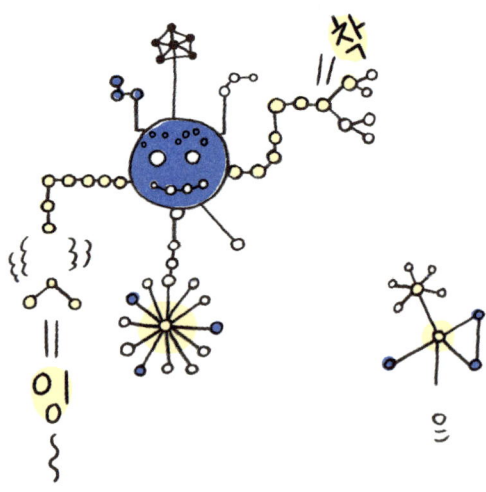

분자들은 스스로 조립될 수 있어! 그건 대단한 미스터리야.
물리학자와 화학자와 생물학자가 힘을 합쳐도 다 풀지
못하는 놀라운 분자들의 능력이야.
토끼와 민들레의 몸속에 바로 그런 분자 기계가 있어.
물론 너의 몸속에도!

너의 몸속에 분자 기계가 와글와글!
분자 기계가 없다면 너는 뼈도 없고, 머리카락도 없고,
피부도 없고, 근육도 없고, 손톱도 없고, 아무것도 없을 거야!
"내 몸속에 분자 기계가 있다고?"
그렇다니까! 분자 기계 덕분에 너는 살아 있어! 날마다 분자
기계가 너를 만들어 주지 않는다면, 너는 고물이 되고 흔적도
없이 사라져 버릴 거야.

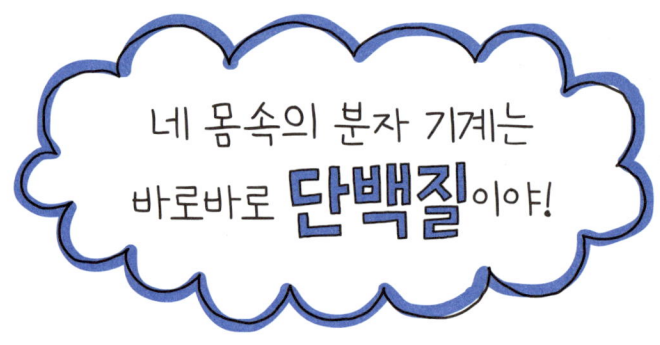

"단백질이라고? 고기 말이야?"
하하! 사람들은 단백질을 축축하고, 말랑말랑한 고기 같은
것이라고 생각하지. 하지만 고기의 대부분은 수분이야. 물을
빼고 남은 순수한 단백질은 그저 나노 크기의 단단한 분자
조각이야.
단백질은 이렇게 생겼어. 볼래?

헤모글로빈이야.

피 속에 돌아다니는 단백질이야.

너의 몸속에 수많은 단백질이 있어.
꼬물꼬물 세포들의 막이 단백질로 되어 있어. 세포 속의 조그만 기관들이 단백질로 되어 있고, 적혈구 속의 헤모글로빈, 피부 속 콜라겐, 우리 몸속에 병균이 들어오면 막아 주는 항체, 수많은 호르몬과 효소들, 생물이 살아가는 데 필요한 거의 모든 물질이 단백질로 되어 있다면 믿을 수 있겠어?

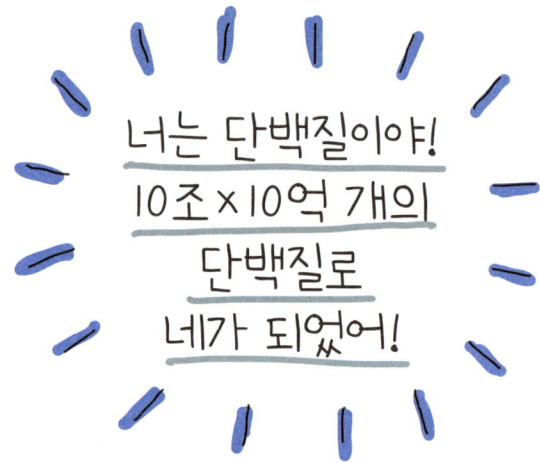

"내가 단백질이라고?"
그렇다고 할 수 있지. 네 몸에서 물을 빼고 나면 거의 모두가 단백질이야!
볼래?
너의 세포 속에 단백질을 만드는 공장이 있어!

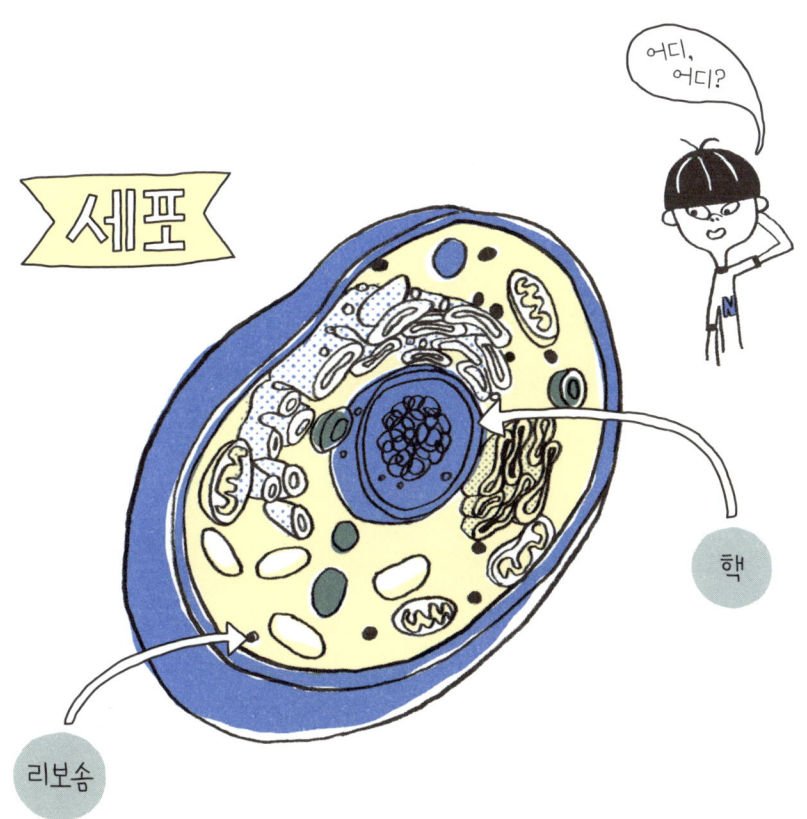

바로 여기! **리보솜**이야.
아주 아주 유명한 공장이니까
이름을 알아 둬.

에계계 너무 작아.

리보솜은 정말 작아! 세포 안에 보일락 말락 리보솜이 들어 있어.
조그만 리보솜에서 네 몸에 필요한 단백질을 모두 만들어. 단백질 공장이야!
"세포보다도 작은 게 단백질을 어떻게 그렇게 많이 만들어?"
걱정 마. 세포가 집이라면 그건 거의 세탁기만 한 크기야! 너의 몸속에 세포가 60조 개나 있고, 세포들마다 리보솜이 수십 개 들어 있어!
"어떻게 하는 거야?"
컴퓨터가 명령을 내려.
"무슨 컴퓨터? 우리집 컴퓨터?"
그럴 리가! 그건 세포 속에 들어 있어. 세포의 한가운데 핵이 있고, 핵 속에 컴퓨터가 들어 있어.
핵 안에 들어 있는 DNA가 바로바로 컴퓨터야! DNA에 너의 유전자 정보가 고스란히 담겨 있어.
"내 몸 속에 컴퓨터가 있다고?"
그렇다니까.

너의 몸속에 나노 컴퓨터가 2760조 개 들어 있어!

DNA는 작고, 작고, 작고, 작은 나노 컴퓨터야!
동글동글 구불구불 DNA 분자 속에 네가 살아가는 데 필요한 단백질을 만들도록 명령어가 들어 있어!
"명령어라고? 글자로 씌어 있어?"
그럴 리가!
DNA 속에 분자들이 꼬불꼬불 층층 쌓여 있고, 분자들이 늘어선 순서들이 바로 명령어 역할을 하는 거야!
DNA는 기다란 사슬 모양 분자 덩어리야. 그 안에 사다리 모양 분자들이 보여?
사다리 세 칸이 암호 한 개야. 암호 수십 개가 모여 명령어 한 개를 만들어.
'쌍꺼풀을 만들어!'
'대머리를 만들어!'
'곱슬머리가 돼!'

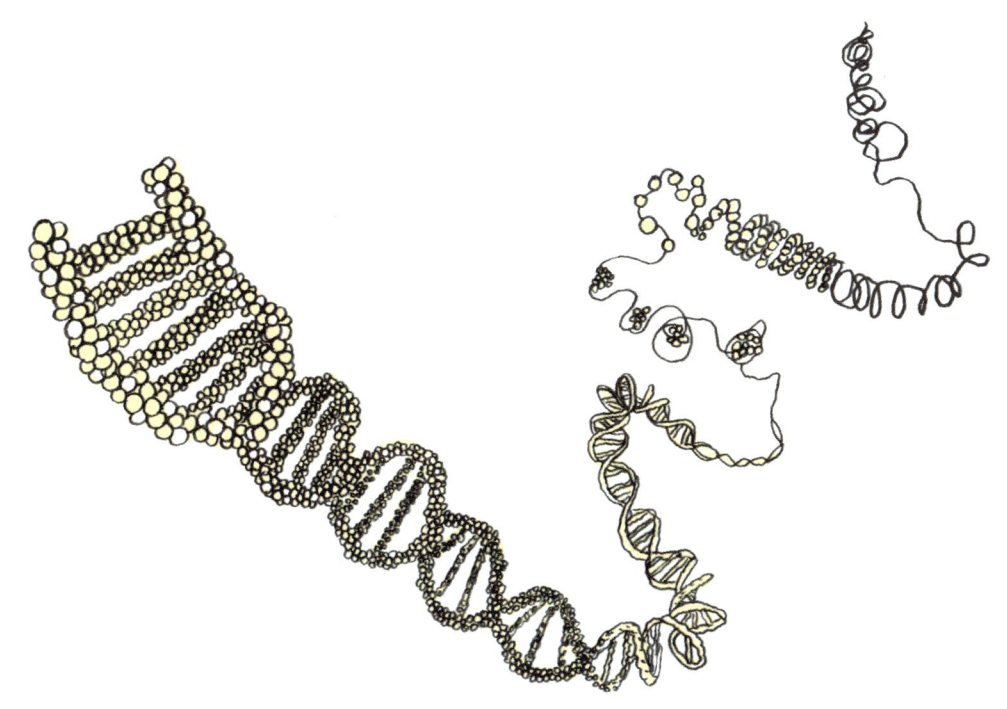

DNA 속에 암호가 들어 있어!

구불구불 너의 몸속에 꼬여 있는
DNA 가닥을 모두 이으면 1000억km야!
명왕성보다 더 멀리멀리 튀어 나가!

쉿! 세포에 귀를 기울이고 들어봐. DNA가 명령을 내리고,
단백질 공장이 웽웽, 웽웽 쉴 새 없이 돌아가고 있어!
분자들이 분자들을 가져오고, 분자들이 분자들에 달라붙어!
분자들이 분자들을 모으고, 잇고, 자르고, 척척 단백질을
만들어.
아무리 크고 복잡한 단백질도 재료는 겨우 원자
몇 가지뿐이야. 몇 가지 원자들이 이렇게 저렇게 모여
20가지 단단한 분자 블록이 돼. 과학자들이 그걸
아미노산이라고 불러. 아미노산이 모이고, 꼬이고, 접혀,
우리 몸에 필요한 단백질을 만들어!
그런데 우리 몸속의 분자들이 못 만드는 아미노산이 있어.
그래서 반드시 음식으로 섭취해야만 해. 꼭 먹으라고 이름도
필수 아미노산이야. 닭고기, 연어, 쇠고기, 우유, 간, 옥수수,
치즈, 달걀, 호박, 콩, 아몬드, 참깨, 생선, 바나나, 땅콩, 버섯,
김을 많이 먹어!

20가지 아미노산 블록이 단백질을 만들어

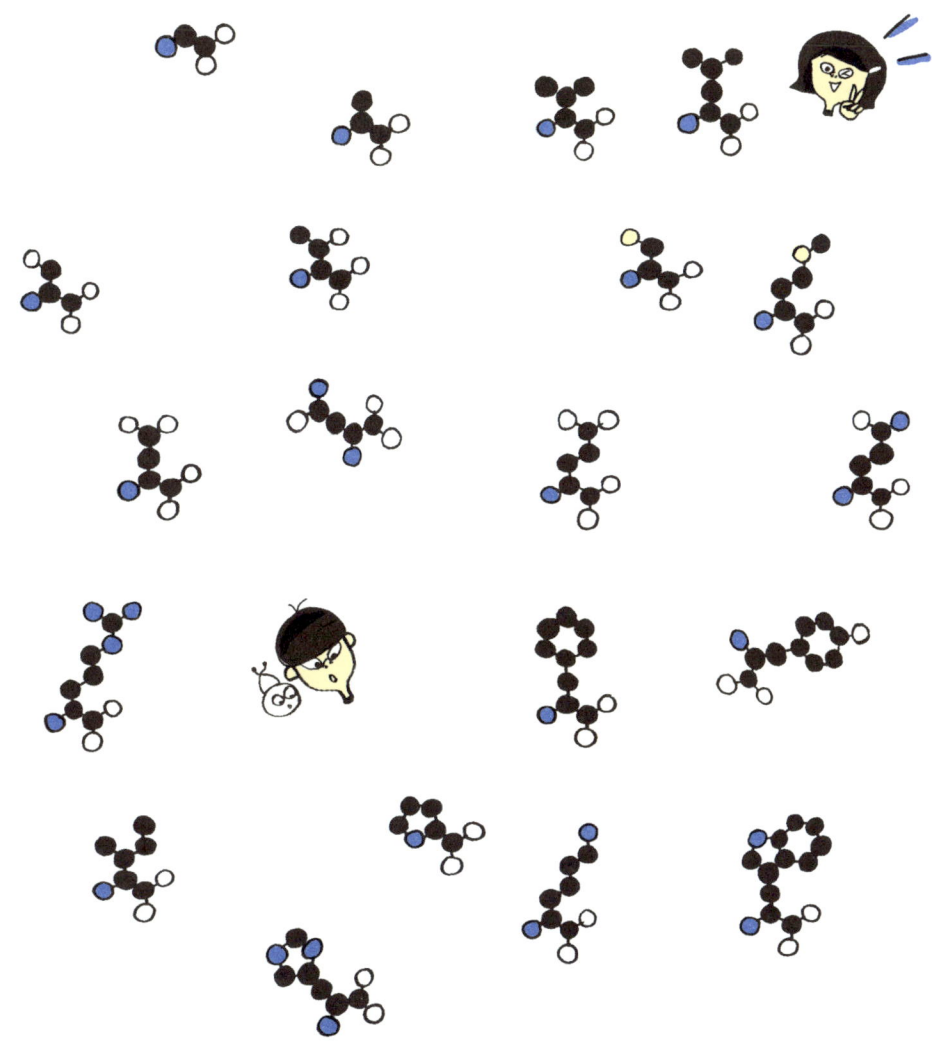

아미노산이 만드는 단백질의 종류는 헤아릴 수 없이 많아.
20가지 분자 블록이 이렇게 저렇게 모이고 꼬이고 접힐
뿐인데, 말랑말랑 고무가 되고, 손톱이 되고, 거미줄이 되고,
머리카락이 되고, 황소의 뿔이 돼. 모두모두 분자들이
뚝딱뚝딱 조립한 단백질이야.
너의 몸은 거대한 분자 공장이야!
너의 몸속에 매일매일 원료가 들어오고, DNA가 명령을
내리고, 분자 기계가 일을 해. 분자들이 흩어졌다 붙었다
하는데 놀라운 일이 일어나.
네가 만약 고기를 먹는다면, 너의 몸속에서 분자들이
부지런히 고기의 단백질을 분해해. 원료를 재가공하여
새로운 단백질로 만드는 거야.
근육 속에 있는 미오글로빈, 피부 속 콜라겐, 몸속에서 여러
가지 기능을 하는 호르몬, 소화를 시켜 주는 효소, 병균을
막아 주는 항체, 머리카락, 손톱……. 리보솜이 날마다
단백질을 만들어 주지 않는다면 너는 하루도 살 수 없어!

분자 공장 생산품 목록표

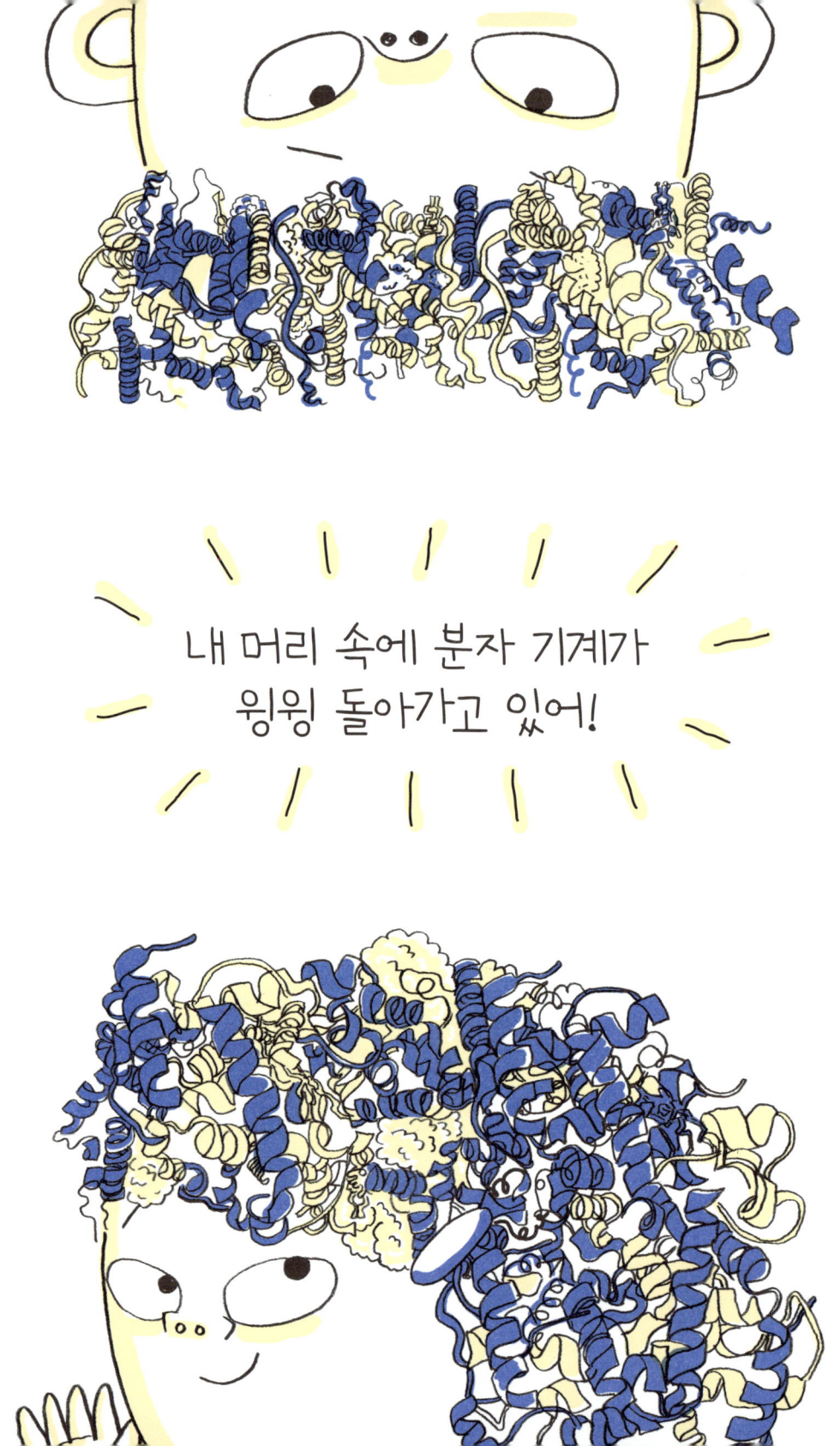

과학자들은 단백질의 능력에 흠뻑 빠졌어.
풀도 없고 가위도 없는데, 분자들이 어떻게 척척 자르고,
잇고, 붙이고, 접히고, 구부러져 우리 몸속에서 그렇게 멋진
단백질을 만들까?
원자를 한 개 한 개 옮기고 쌓는 대신 단백질처럼 스스로
조립되는 분자들의 능력을 이용할 수 있다면!
과학자들이 매일매일 실험실에서 단백질 접기 놀이를 해.
단백질의 능력을 이용하여 분자 기계를 만들고 싶어 해.
분자들에겐 놀라운 능력이 있어. 분자는 분자를 끌어당기고,
밀치고, 자르고, 잇고, 접히고, 꼬이고, 새로운 분자를 만들어.
하지만 분자를 강제로 일하게 할 순 없어.

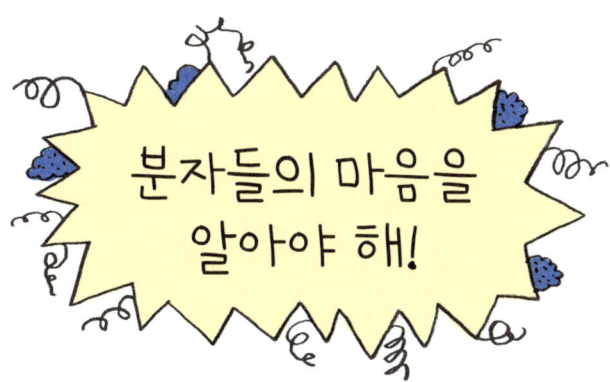

화학자는 분자들의 마음을 연구해. 어떤 분자들은 서로 잘 결합하고 어떤 분자들은 서로 밀어내는데, 그건 화학자가 마음대로 바꿀 수 없는 분자들의 운명이야. 자연의 법칙이야!
화학자는 분자들의 재능을 알아차리고, 분자들이 좋아하는 것과 싫어하는 것을 탐구해.
화학자는 자연에서 서로 만나지 못했던 원자들을 만나게 해 줄 능력이 있어! 자연의 법칙 안에서 완전하고 조화로운 짝을 찾아!
분자들을 섞고, 흔들고, 젓고, 온도를 높여!

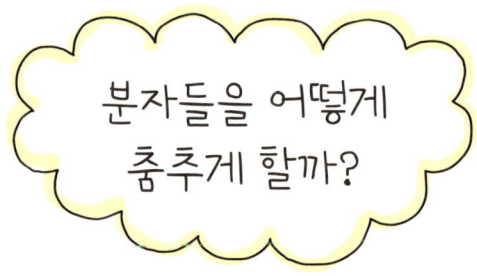

분자들을 어떻게 춤추게 할까?

분자를 조립하는 데 쓸 원자는 무수히 많아.
원자 배열을 이렇게 저렇게 조합할 수 있는 창의력이 고갈되었다는 뉴스는 들어보지 못했어. 과학자의 창의력은 끝이 없어. 분자들의 능력은 무궁무진해!

분자 쌓기는 나노 기술자들의 무궁무진한 보물 창고야.

화학자와 공학자는 원대한 꿈을 꾸고 있어. 어쩌면 자연이 이제껏 만들지 않은 매력적인 무언가를 만들지 몰라. 분자들의 능력을 이용하여 자연에 없었던 새로운 물질을 만들고, 새로운 기계를 만들 거야!

이 소리는……

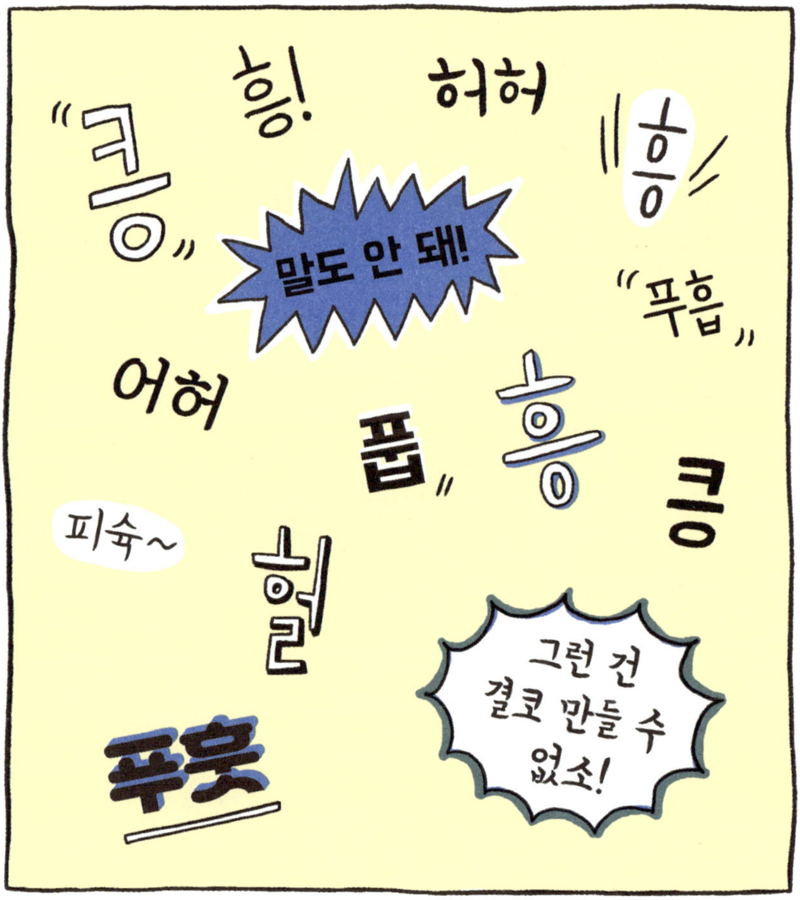

> "킁" 힝! 허허 흥
> 말도 안 돼!
> "푸흡"
> 어허
> 풉 흥 킁
> 피슉~
> 헐
> 푸훗
> 그런 건 결코 만들 수 없소!

이 소리는,
분자 기계로 어떤 물건이든 만들 수 있다는 말에
과학자들이 코로 방귀를 뀌던 소리입니다.

분자 기계로 원하는 물건을 무엇이나 만들 수 있을까?
어떤 과학자는 공상 과학이라고 콧방귀를 뀌고,
어떤 과학자는 진지하게 분자 기계를 꿈꿔.
점점 더 많은 과학자들이 분자 기계를 꿈꾸고 있어.
왜냐하면 자연에 정말로 그런 기계가 있기 때문이야!
너의 몸속에서 분자 기계가 지금도 쉴 새 없이 네 몸에
필요한 모든 것을 만들고 있어. 바로바로 단백질이야.

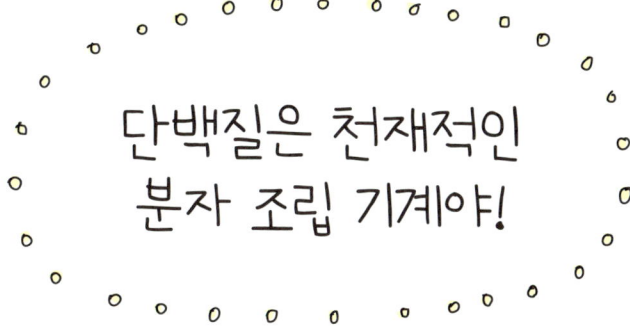

자연이 분자를 가지고 헤모글로빈에서 머리카락까지,
거미줄에서 소뿔까지, 가죽에서 양털까지, 부드럽고 딱딱한
것을 모두 만들어 내었듯이 화학자도 분자들을 가지고
원하는 것을 무엇이나 만들 수 있을지 몰라.

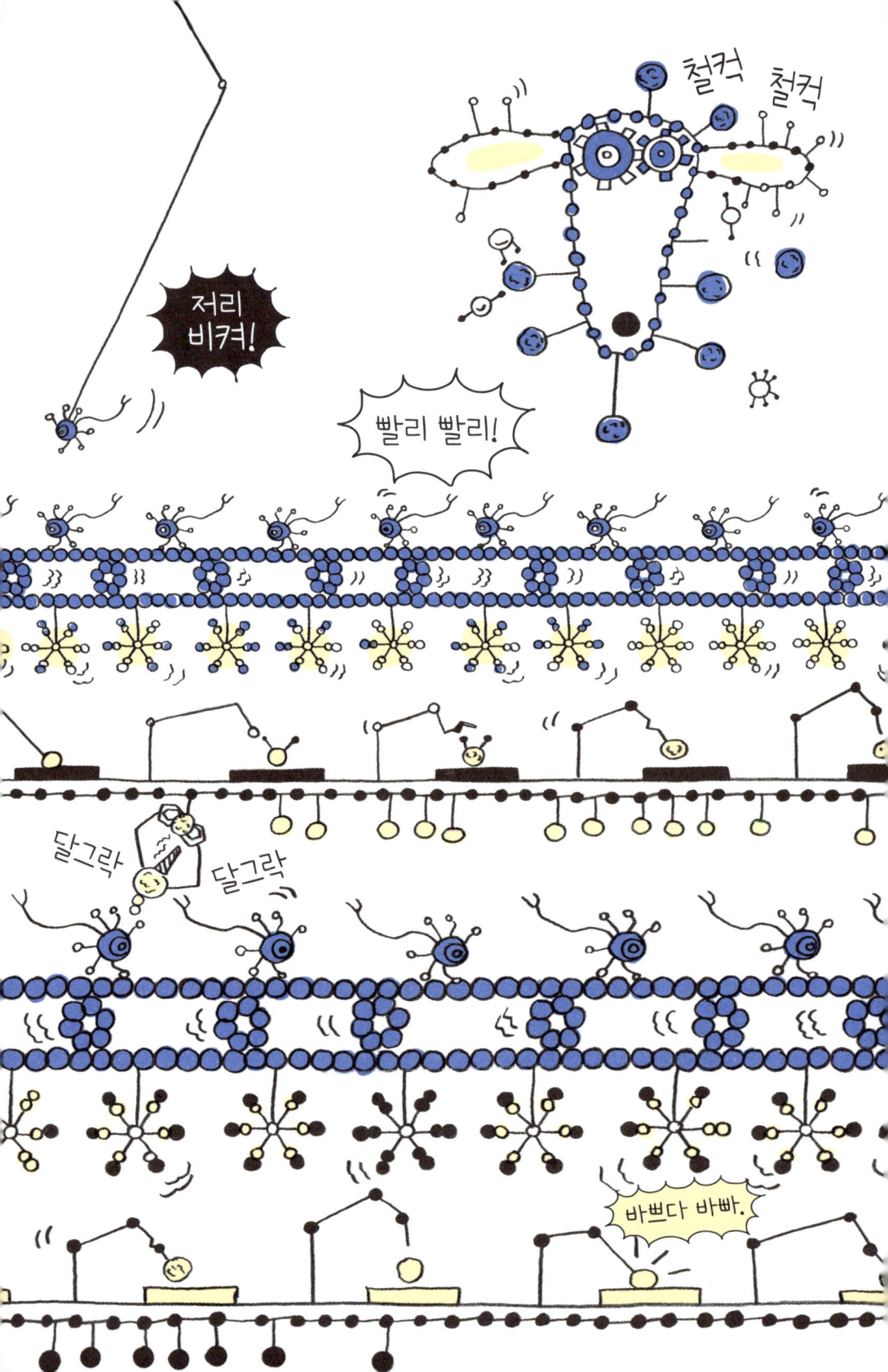

500년 전에 레오나르도 다빈치는 새를 관찰하며 하늘을 나는 기계를 꿈꾸었어.
과학자들은 이제 세포를 보며 단백질을 닮은 분자 조립 기계를 꿈꿔. 사람들 대신 똑똑한 분자들이 일하는 나노 세상!
다빈치의 기계가 하늘을 날고 우주로 가기까지 500년이 걸렸어. 하지만 나노 기계는 그렇게 오래 걸리지 않을 거야. 왜냐하면 세계 곳곳 화학자와 공학자의 실험실에서 지금 무슨 일인가가 벌어지고 있기 때문이야.

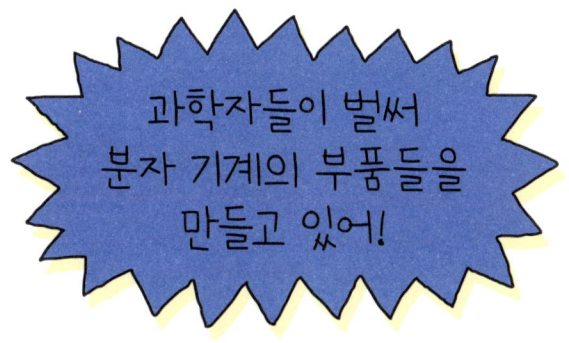

"분자 기계의 부품? 그게 뭐야?"
공장의 부품 같은 거야. 분자 모터, 분자 스위치, 분자 엘리베이터, 분자 컨베이어 벨트. 분자 프로펠러, 분자 엔진, 분자 자동차……. 분자 기계에 쓸 멋진 분자 부품들이 탄생했어!

윙윙 쓱쓱, 분자 기계가

분자 자동차가 부웅!

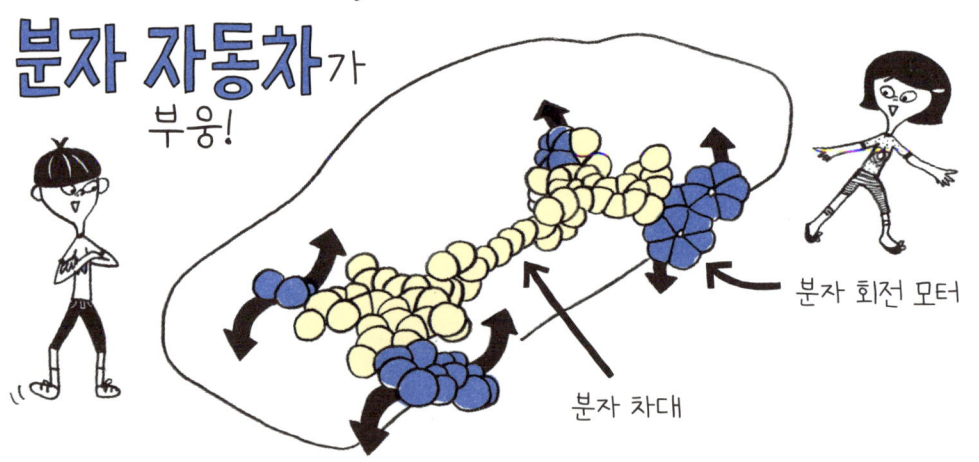

분자 회전 모터
분자 차대

분자 스위치가 딸칵!

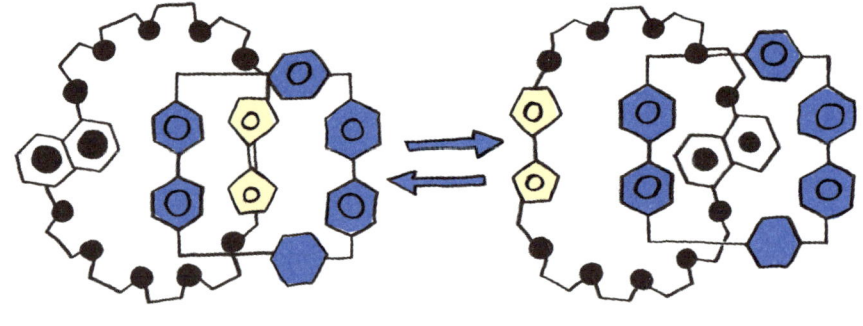

ON　　　　　OFF

놀랍게도 과학자들이 분자들의 능력을 이용하여 속속 분자 기계의 부품들을 만드는 데 성공하고 있어.

공장을 떠올려 봐. 초콜릿 공장, 자동차 공장, 신발 공장에서 쉴 새 없이 컨베이어 벨트가 돌아가고, 로봇 팔이 철커덕거리고, 지게차들이 어디론가 물건을 실어 날라. 보이지 않지만 기계들 속에 톱니바퀴와 기어, 베어링, 핸들 레버가 달려 있어.

나노 공장의 분자 조립 기계들도 온갖 가지 부품들이 필요해. 어떤 과학자는 원자 78개를 가지고 화학 반응을 일으키며 스스로 나아가는 나노 모터를 만들었어. 어떤 과학자는 원자 58개를 가지고 태양 에너지로 움직이는 분자 모터를 만들었어. 2016년에는 분자들을 합체 변신시켜 분자 기계를 만든 공로로 세 명의 과학자가 노벨 화학상을 받았어.

분자 기계가 얼마나 작은지 네가 상상할 수 있다면!
"얼마나 작은데?"
먼지보다도 백만 배 작아!
"말도 안 돼. 그렇게 조그만 기계들로 무얼해?"
걱정 마! 아무리 작아도 숫자가 많으면 얼마든지 커다란 일을 할 수 있어! 세포는 작지만, 아주아주 작은 세포가 60조 개 모여서 네가 되었잖아?

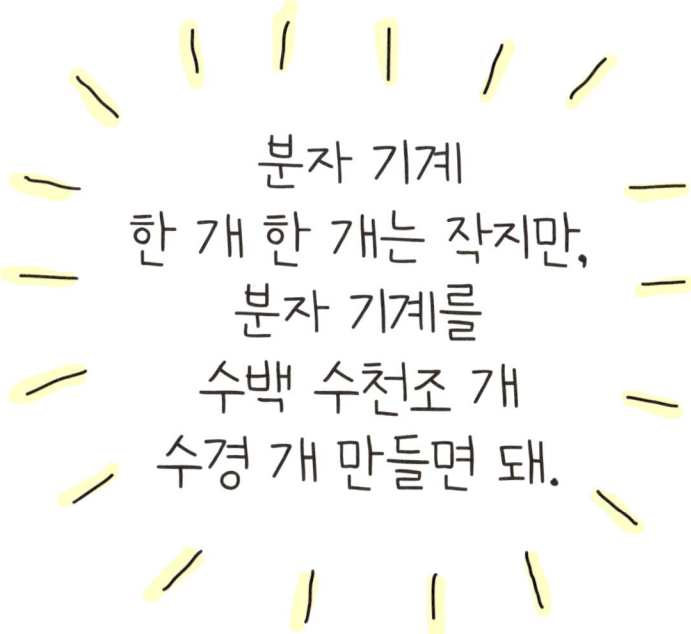

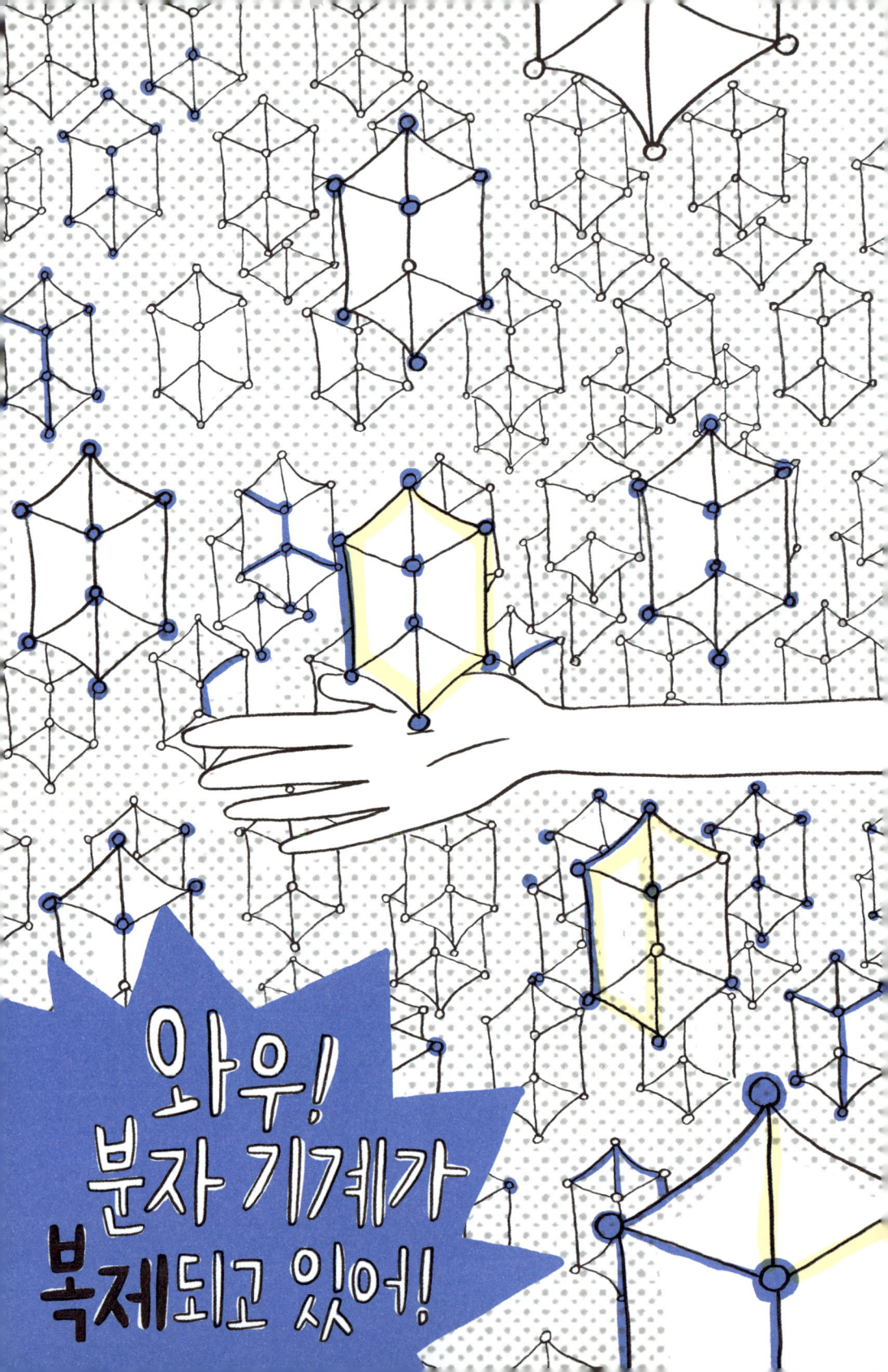

분자 기계가 분자 기계를 만들어! 과학자는 첫 번째 분자 기계를 만들 거야. 그러면 분자 기계가 스스로 복제할 수 있어. 분자 기계가 순식간에 어마어마하게 많이 불어나!
"어떻게?"
세포가 하는 것처럼 해.
세포는 스스로 복제할 수 있어. 세포들이 복제되지 않는다면 너의 키는 1센티미터도 자라지 않아.
"나는 고기를 먹고 자라는데!"
고기가 곧바로 너의 키가 되는 건 아니야.
"맞아. 세포들이 마술을 부리는 거야."
아니, 마술은 없어! 분자와 분자 기계들이 열심히 일하는 거야.
세포 속에서 무슨 일이 일어나는지 네가 안다면!

"무슨 일이 일어나는데?"
세포가 세포를 만들어!
"어떻게?"
세포와 세포 바깥에 원료 분자, 에너지를 내는 분자, 명령을 내리는 분자들이 우글우글해. 분자들이 들락날락 분자들끼리 달라붙고 떨어지고……. 신비하고 놀라운 분자들의 능력으로 분자들이 분자를 부지런히 분해하고 조립하여 똑같은 분자를 만들어.

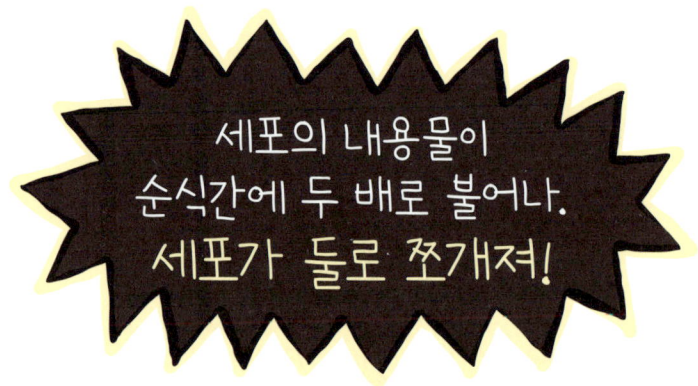

세포가 복제되었어! 세포 한 개가 두 개가 되고, 두 개가 네 개가 되고, 네 개가 여덟 개가 되고 여덟 개가 ·················· ·· 1024개가 돼!!
세포가 자꾸자꾸 많아져!

분자들이 열심히 일하고 있어. 세포를 복제해!

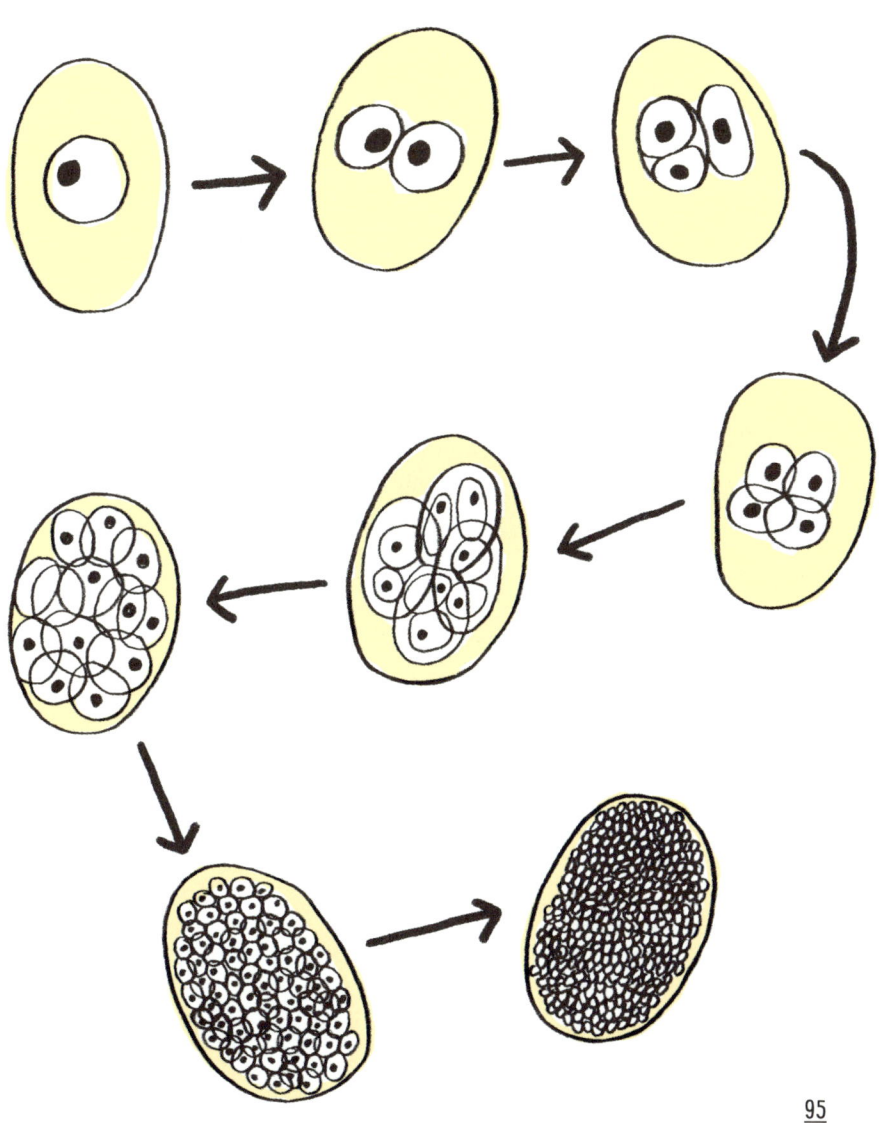

세포가 복제될 때 재료가 떨어지면 큰일이야. 그러니까 밥을 잘 먹어야 해. 네가 음식을 먹고 원료를 공급해 주기만 하면, 분자들이 열심히 분해하고 조립하고 또 다른 세포를 만들 거야. 키가 쑥쑥 자라!

미래에는 분자 조립 기계 속에서 분자 기계들이 그렇게 일할 거야. 분자가 분자를 쌓아 분자 기계를 만들고, 분자 기계가 분자 기계를 복제해. 분자 로봇이야! 분자 로봇이 분자 로봇을 복제해. 너무 작아서 **나노봇**이야!

나노봇이 나노봇을 만들고 나노봇이 나노봇을 만들어.

미래에는 집집마다 지니 기계가 한 대씩 있어. 소원을 말하면 무엇이든 만들어 줄 거야.

"무엇이나 만들어 준다고?"
"지금 당장 갖고 싶어!"
기다려. 그런 기계는 아직 만들어지지 않았어.
하지만 분자 로봇과 인공 지능 시스템이 결합한다면,
언젠가는 **만능 분자 조립기**가 탄생할 거야!
집에는 세탁기만 한 조그만 만능 분자 조립기가 있고
공장에는 커다란 만능 분자 조립 기계가 있어. 필요한 물건이
있을 때마다 버튼을 누르기만 하면 돼.
"지니가 나와?"
지니는 없어! 분자 로봇이 지니들이야!
"어떻게 하는 거야?"
기계 속에서 몇 조×몇 조 개의 나노봇들이 원료에 달라붙어
복잡한 임무를 수행해. 나노봇이 빛의 속도로 원료를
분해하고 다시 조립하고 물건을 만들어 줄 거야!

게임기가 필요해? 버튼을 눌러! 잠옷이 필요해? 버튼을
눌러! 피자가 먹고 싶다고? 버튼을 눌러! 소파가 필요해?
집을 통째로 바꾸고 싶다고? 버튼을 눌러!
오래된 자동차를 바꾸고 싶다고? 헌 자동차를 분해 기계에
넣고, 버튼을 눌러! 만능 조립 기계 옆에는 분해 기계가 있고,
나노봇들이 폐자동차를 열심히 분해하여 재생 원료로
만들어 줘. 어떤 자동차가 좋을까. 컴퓨터로 소프트웨어를
다운로드해서 버튼을 누르기만 하면 돼. 아차차 원료를
부어야지!
원료는 아마도 마녀의 죽처럼 희뿌옇고, 걸쭉한 용액일 거야.
캡슐에 싸인 나노 컴퓨터와 나노봇, 원료가 한데 뒤섞인 혼합
용액이야!
"혼합 용액? 그걸로 무엇이나 만든다고? 믿을 수 없어.
소파는 푹신푹신하고, 자동차는 단단한데?"
상관없어!

아무리 부드러운 것도, 아무리 단단한 것도 분자들이 만들 수 있어.
분자가 어떻게 배열되는지에 따라 색깔이 있고 없고,
흐물흐물하고 단단하고, 부드럽고 뻣뻣하고,
냄새가 고약하고 향긋하고, 매끄럽고 거칠거칠한 뭔가가 돼!
너의 주변에 온갖 물건들이 있지만, 그것들의 재료의 재료의 재료의 재료의…… 재료를 끝까지 파헤치면 겨우 몇 가지 원자들이 이렇게 저렇게 모인 것뿐이라는 걸 알게 될 거야.
밥과 나일론, 종이와 비닐, 세제와 플라스틱의 원료가 거의 같아. 너의 물건을 몽땅 화학자에게 가져간다면 윙윙~ 왱왱~ 지지직! 온갖 기계로 물질의 성분을 분석한 다음 화학자가 알려 줄 거야.

온갖 성분 분석소

가방, 옷, 음식, 공책, 의자, 축구공, 신발……. 네가 쓰는 물건들 대부분은 겉모습이 아무리 다르게 보여도 거의 탄소와 산소, 수소와 질소로 되어 있어.
"자동차는?"
안타깝게도 자동차는 유리와 알루미늄, 철로 되어 있어! 하지만 걱정 마! 미래에는 유리나 알루미늄, 철 따위로 자동차를 만들지 않을 거야. 유리는 깨지기 쉬워. 알루미늄은 우그러져. 철은 무겁기만 해. 미래의 자동차와 로켓, 우주선은 더 이상 강철이나 알루미늄 덩어리가 아닐 거야. 너트와 볼트로 덕지덕지 이은 꼴사나운 기계가 아니라 매끈거리는 보석 같을 거야. 왜냐하면 유리보다 백배 투명하고, 알루미늄보다 백배 가볍고, 강철보다도 백배 단단한 마법의 물질을 발견했거든.
"마법의 물질이라고?"

탄소는 놀라운 원자야. 자연의 위대한 재료 92가지 원자 중에서 미래에 가장 중요한 원자를 딱 한 개만 꼽으라면 바로바로 탄소야!

이 세상에 있는 모든 동물과 식물, 지구에 있는 화학 물질의 90퍼센트가 탄소를 갖고 있어! 탄소가 없다면 연필이 없고, DNA가 없고, 너도 없어!

<u>미래의 만능 조립 기계 속에
들어갈 마법의 수프 원료는</u>
아마도, 거의, 확실히,

탄소가 될 거야.

탄소는 우주에 세 번째로 많이 있어. 별 속에, 우주 먼지 속에 탄소가 들어 있고, 지구에도 아주아주 많아. 숯과 검댕, 공기와 돌 속에! 탄소가 모자랄 일은 결코 없어. 탄소 원료는 1킬로그램에 몇십 원 정도로 살 수 있고, 탄소로 만든 모든 물건은 아주아주 쌀 거야. 자동차도 우주선도!

탄소는 이상해! 탄소만으로 여러 가지 놀라운 물질이 돼!

말도 안 되는 뉴스!

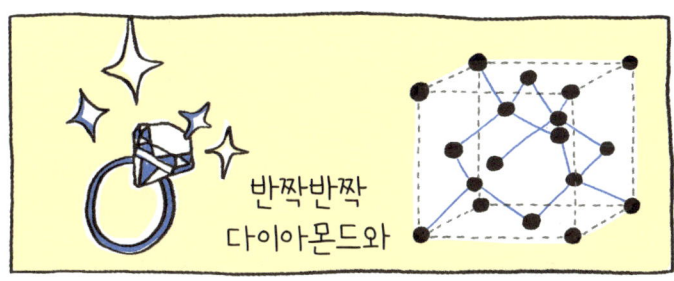

반짝반짝 다이아몬드와

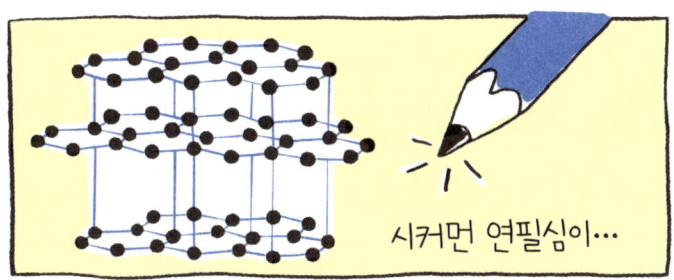

시커먼 연필심이…

다이아몬드와 연필심은 탄소 원자로 되어 있어.
재료가 똑같아.
"그럴 리가!"
"연필심은 시커멓고, 다이아몬드는 투명한데?"
"연필심은 싸고, 다이아몬드는 비싸잖아."
그래도 그렇다니까!
탄소의 변신은 놀랍기만 해!
탄소 원자 60개가 이렇게 모이면 **버키볼**이 돼.
버키볼은 우주에서 가장 작은 나노 공이야!
"저걸로 축구를 하고 싶어! 지금 당장!"
그러려면 너의 키를 분자만하게 줄여야 될걸.

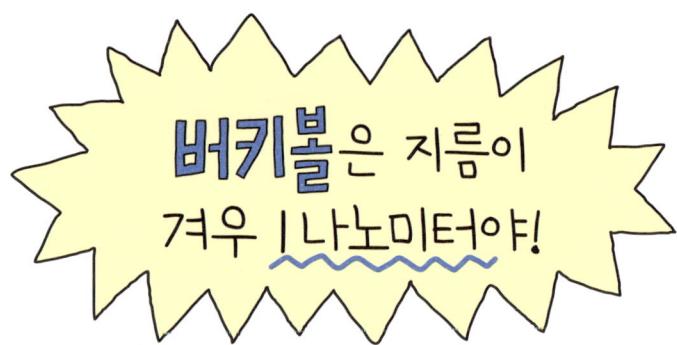

버키볼은 지름이 겨우 1나노미터야!

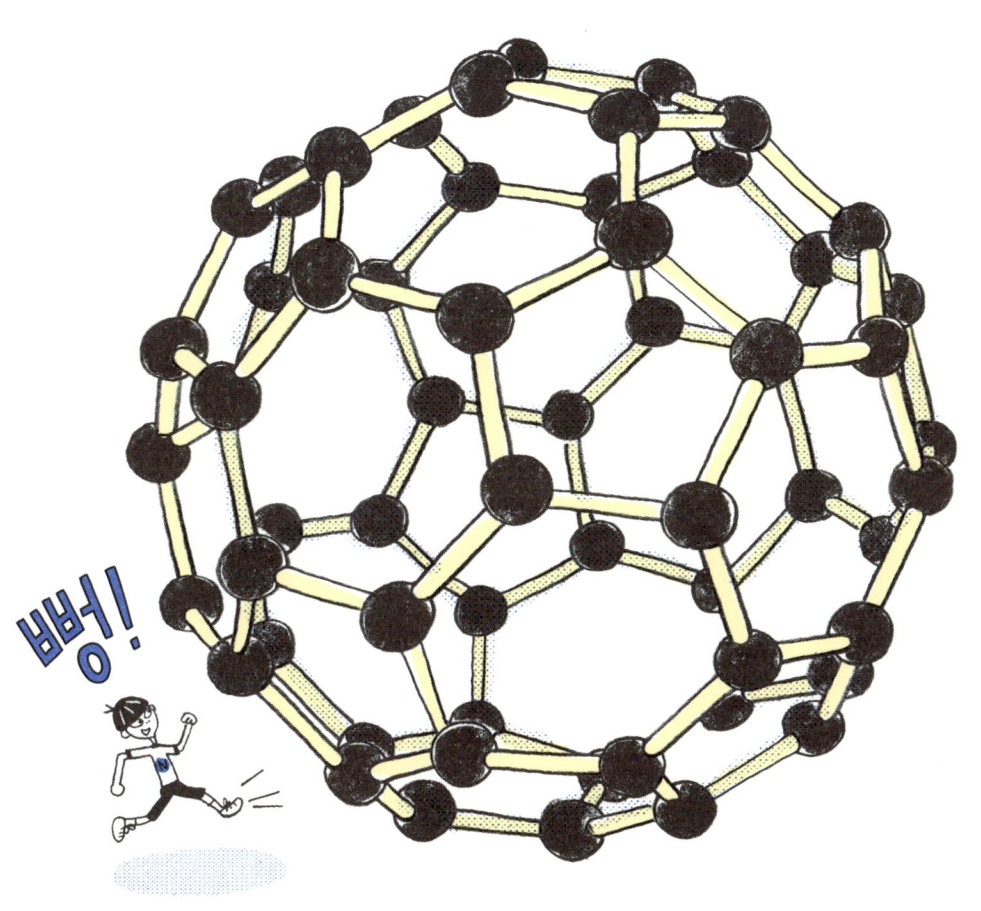

탄소 원자 60개가
스스로 조립되어 **버키볼**이 돼.
자연이 어떻게 그렇게 하는 걸까?
과학계의 대단한 미스터리야.

버키볼은 정말 작아. 먼지 한 알보다 백만 배 작은 공이라고!
"축구를 할 수 없다면 버키볼이 무슨 소용이람!"
"오늘밤엔 조그만 아이로 변신해 버키볼로 축구를 하는 꿈을 꿀 거야."
과학자에게 버키볼은 쓸모가 무궁무진해! 버키볼은 속이 텅 비어 있는데도 안전하고 단단해.
버키볼 속에 나노 칩과 약을 넣을 수 있어!
버키볼을 삼켜!
미래에는 환자들이 시간에 맞춰 약을 챙겨 먹을 필요가 없을 거야. 약 먹을 시간이 되면 버키볼 속에서 약이 나와.
어떤 과학자는 바퀴 대신 버키볼로 굴러가는 나노 자동차를 만들었어. 그 위에 나노봇을 태워. 언젠가는 나노 자동차와 나노봇이 혈액 속으로 돌아다니며 몸의 구석구석 세포들을 순찰할 거야. 병든 세포를 발견하면 나노봇이 즉시 수리해. 암세포와 마주치면 즉사시켜.

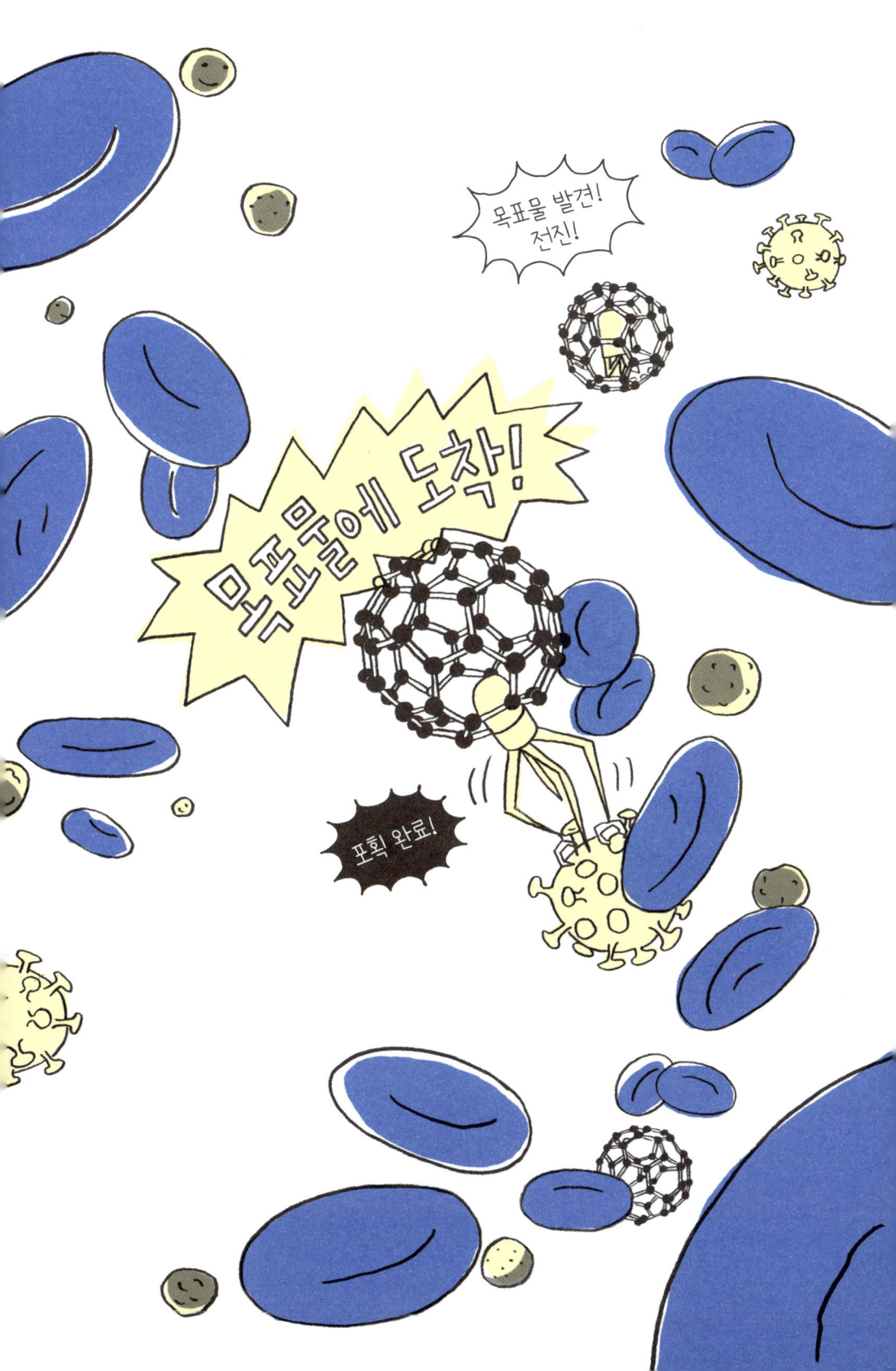

버키볼이 어디 있을까?
우주 저 멀리 별과 별들 사이 우주 먼지 속에 버키볼이 있어!
과학자들이 뜨거운 별들 주위, 우주의 가스 먼지들 속에서
버키볼을 발견했어. 지구의 땅속에도 버키볼이 있어.
너의 집에도 있을걸?
"어디에 있어?"
촛불을 켜 봐!

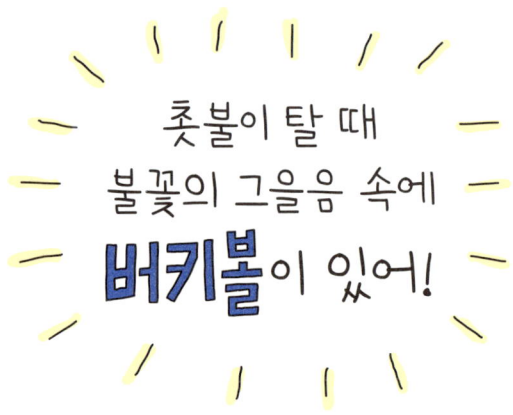

불꽃이 일렁거릴 때 버키볼이 훨훨 날아가.
이제 촛불을 켤 때마다 생각해. 노란 불꽃의 그을음 속에서
훨훨 나는 작고…… 작고…… 작고…… 작은 나노볼을!
버키볼이 거기 있어!

탄소의 비밀은 끝이 없어.
탄소로 된 마법의 물질이 또또 있어!
이름이 **그래핀**이야! 마법 학교에 나올 법한 이름이지 않아?
"그래핀? 처음 들어 봐!"
당연하지. 그건 발견된 지 정말로 얼마 되지 않았거든.
오래전부터 과학자들은 흑연과 다이아몬드의 분자 구조를 보고 탄소 한 겹만으로 되어 있는 물질을 상상했어.
하지만 오랫동안 아무도 발견하지 못했어.
어느 날 가임과 노보셀로프는 연필심에 셀로판테이프를 붙이고 흑연을 조금 떼어 냈어.
테이프에 묻힌 흑연을 또 테이프에 묻혀. 테이프에 묻힌 흑연을 또 다른 테이프에 묻히고. 열 번 스무 번 계속 계속 테이프를 붙였다 떼어 내. 흑연을 얇게, 얇게, 얇게, 얇게……
마침내 탄소 한 층을 떼어 내는 데 성공했어.
가늘게, 가늘게, 가늘게 상상의 눈으로 실눈을 뜨고 바라봐.
그래핀의 두께는 겨우 0.35나노미터야. 원자 한 개의 두께로 만들어진 세상에서 가장 얇은 그물이야!

노벨상을 향하여…

과학자들은 그래핀이 아무짝에도 쓸모없을 것이라고
생각했어.
'너무 얇아서 개미의 눈물 한 방울만 떨어져도 찢어질 거야.'
그런데 그렇지 않았어. 그래핀은 지구에서 가장 강한
물질이었어!

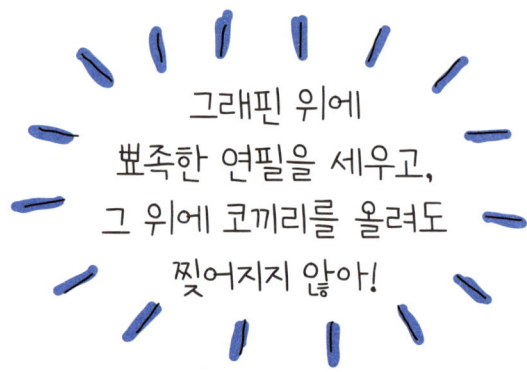

"말도 안 돼. 연필심이 얼마나 잘 부러지는지 내가 보여
줄게."
톡!
바로 그거야! 흑연은 잘 부러져. 하지만 탄소를 딱 한 층으로
벗겨 내면 그건 더 이상 흑연이 아니야.
결코!
절대로!
완전히!
다른 물질이 돼!

그래핀은 신기한 물질이야. 종이보다 백만 배 얇고, 강철보다 200배 강하고, 유리보다 투명하고, 전기가 아주 잘 통해. 구리보다 100배 많이, 실리콘 칩보다 100배 더 빨라!
그래핀을 발견한 공로로 2010년, 가임과 노보셀로프는 노벨 물리학상을 받았어!
"겨우 셀로판테이프로?"
겨우 셀로판테이프로!
그래핀이 바꾸어 놓을 세상은 아무도 상상할 수 없어. 실리콘 대신 세상에서 가장 작고, 가장 빠른 그래핀 트랜지스터 칩을 장착한 초소형 슈퍼컴퓨터를 만들고, 지금의 플라스틱 태양 전지보다 백 배 우수한 그래핀 태양 전지를 만들 거야.
그래핀 태양 전지로 굴러가는 자동차를 상상해 봐!
아니, 유리보다 투명하고 강철보다 단단한 그래핀으로 자동차를 만들면 어때? 그런 자동차라면 사고가 나도 부서지지 않고 다치지도 않을 거야. 너무 가벼워서 자동차를 번쩍 들고 다닐 수 있을지 몰라. 어쩌면 척척 접어 가방에 넣고 다닐지도!

그래핀 자동차를 가방에 넣고 다닌다면 정말 멋질 거야.
하지만 문제가 있어.
아무도 이 마법의 물질을 대량으로 만들 수 없다는 거야.
과학자들이 만들 수 있는 그래핀은 겨우 0.1그램이야!
"에계계!"
네가 만일 그래핀을 대량으로 만들 수 있는 방법을
발견한다면 아마도 너는 지구에서 제일가는 부자가 될 거야.
노벨상을 타는 건 말할 것도 없고!
주식을 사고 싶다면 지금 당장 그래핀 회사에 투자해!

1991년에 과학자들이 그래핀을 연구하다가 **탄소 나노 튜브**를 발견했어. 탄소 나노 튜브는 지름이 1나노미터야. 길이는 132000000나노미터이고!

탄소 나노 튜브는 머리카락보다 십만 배 가늘고 강철보다 백배 강해. 탄소 나노 튜브로 방탄복을 만들면 초속 2킬로미터로 날아오는 총알에도 끄떡없어!

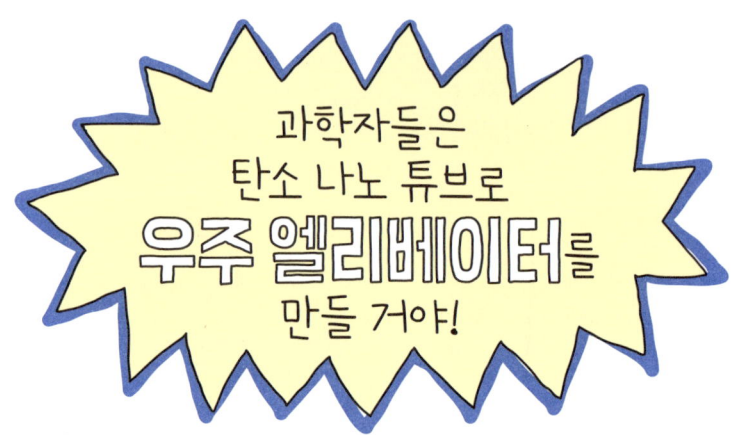

"우주 엘리베이터라고?"
"타고 싶어! 지금 당장!"
"어디로 가면 돼?"
바람이 없고 날씨가 고요한 곳. 아마도 적도의 바다 어디쯤? 우주로 가는 엘리베이터 승강장을 건설할 거야. 지구 밖 36000킬로미터 인공위성 궤도에 우주 정거장을 만들고 자기 부상 카로 우주를 오르락내리락!
강철 케이블로는 어림도 없어. 강철 케이블은 너무 무거워. 지구의 중력 때문에 자기 무게도 지탱하지 못하고 겨우 54킬로미터에서 무너져 버려.
하지만 탄소 나노 튜브라면 중력에도 끄덕없어!

과학자들은 가볍고 튼튼한 탄소 나노 튜브로
우주 엘리베이터의 케이블을 만들 거야.
그러려면 1킬로미터짜리 탄소 나노 튜브를 만들어 연결해야
하는데 아직까지 3센티미터밖에 만들지 못했어. 휴!
걱정 마. 과학자들이 탄소 나노 튜브를 대량으로 만들 방법을
열심히 연구하는 중이야. 과학자들은 2050년쯤엔 우주
엘리베이터가 완성될 거라고 믿고 있어.
우주 엘리베이터를 타고 일주일이면 우주에 도착해!
와우! 아이들은 우주 엘리베이터를 타고 우주로 수학여행을
떠날 거야!
"얘들아, 타!"

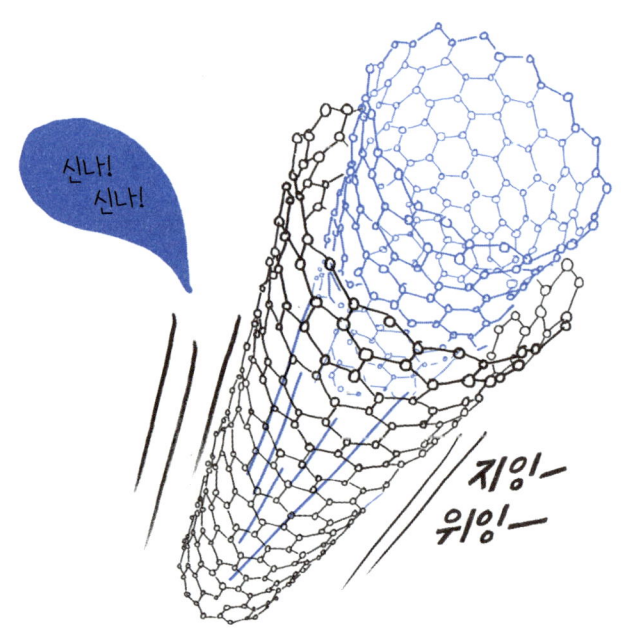

10 나노봇이 지구를 구할까?

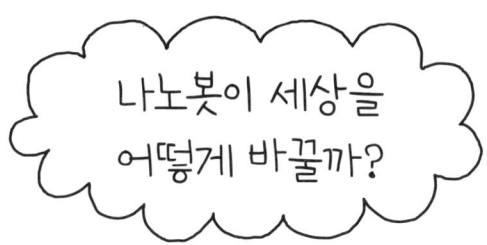

나노봇이 세상을 어떻게 바꿀까?

미래에는 만능 분자 조립 기계와 나노봇이 지구를
유토피아로 만들어 줄 거야.
고약한 냄새를 풍기며 덜거덕거리는 기계와 거대한
공장들이 지구에서 영영 사라지고 환경 오염이 사라져!
상자만 한 조그만 기계 안에서 분자 로봇이 조용하고
신속하게 적은 연료와 햇빛 에너지만으로 물건을 제조해.
사람들은 원하는 것을 무엇이나 거의 공짜로 가질 수 있고,
공장에서 톱니바퀴처럼 일할 필요가 없어.
나노봇 세상이 오면 모든 것이 값싸고 풍부해. 부자도 가난한
사람도 없고, 서로 경쟁하거나 싸울 필요도 없어.
전쟁이 사라지고, 사람들은 실패할 두려움 없이 창의적인
일을 하며, 즐거움을 누리며 살게 될 거야.

적당히 좋은 소식

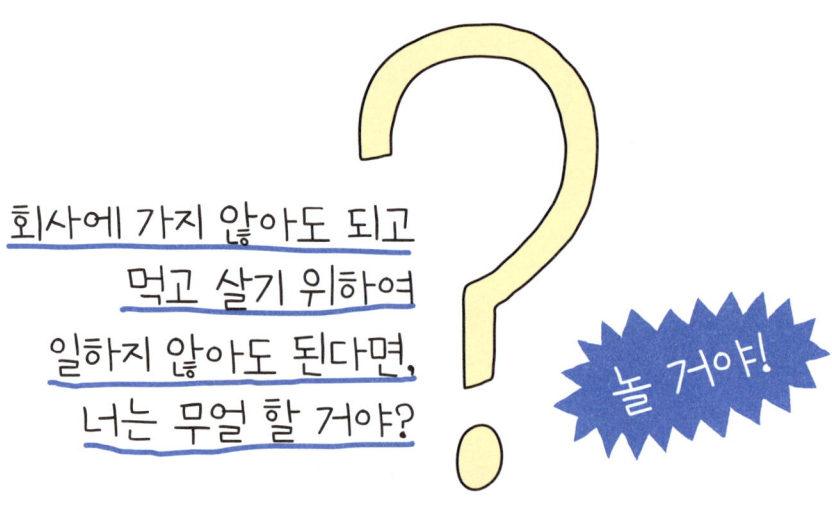

회사에 가지 않아도 되고 먹고 살기 위하여 일하지 않아도 된다면, 너는 무얼 할 거야?

놀 거야!

놀다가 지치면 미래에 무얼 할 건지 생각해 둬.
"걱정 마. 놀다가 지칠 일은 절대 없다고!"
미래에는 오래오래 늙지 않고, 병들지 않고, 원하는 만큼 살게 될 거야.
사람들은 병에 걸릴 틈이 없어. 똑똑한 나노봇이 인체를 구석구석 돌아다니며 고장 난 세포들을 즉각 즉각 수리해 줄 테니까. 가장 먼저 암이 정복될 거야. 지금의 항암제는 정상 세포와 암세포를 구별하는 능력이 없어. 정상 세포까지도 무차별 공격해 환자들이 머리가 빠지고, 구토를 일으키고, 기력이 없어지고, 끔찍한 부작용을 겪어. 나노봇은 스마트 폭탄처럼 화학 약품 탄두를 싣고, 정확하게 암세포만 공격할 거야.

수술용 메스와 약을 가지고 환자를 치료하는 지금의 의사들이 미래에는 마치 곡괭이와 기름 한 통으로 정밀 시계를 수리하겠다고 덤비는 거대한 수리공같이 보일 거야. 나노 의학으로 아무도 늙지 않고, 병들지 않고, 오래오래 살게 된다면…… 큰일이야!

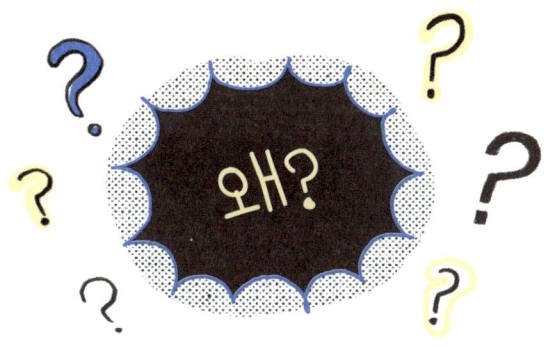

인구가 무시무시하게 늘어나 지구가 터질지도 몰라.
"그럼 어떡해!"
걱정 마. 그때쯤이면 벌써 나노봇이 우주를 개척하고 우주에 멋진 도시들을 건설해 놓았을 테니까!
우주에는 무한한 자원과 무한한 공간이 있어!
미래의 아이들은 은하의 지도를 그리게 될 거야.

"나쁜 소식은 뭐야?"

나노봇이 나쁜 사람들의 손에 들어가거나 전쟁 무기로 쓰일 수 있어. 그보다 더 위험한 일은 스스로 복제할 수 있는 나노봇이 돌연변이를 일으키고, 인간의 통제력을 벗어나 무한대로 증식하는 거야.

그럼 끔찍한 일이 일어날 거야. 인체 속에서 질병을 치료해야 할 나노봇이 세포를 모두 먹어 치우고 탈출해.

잘못된 자가 복제 분자 기계가 무방비 상태로 세상에 풀려나. 자가 복제 분자 로봇이 박테리아처럼, 바이러스처럼 불어나. 스스로 복제되는 나노봇이 꽃가루처럼 퍼져 나가 며칠, 몇 달만에 모든 것을 게걸스럽게 먹어치우고 생태계를 파괴해. 지구를 온통 회색 점액질로 뒤덮어.

미친 기계가 지구를 삼켜! 이 끔찍한 재앙을 '그레이 구 시나리오'라 불러.

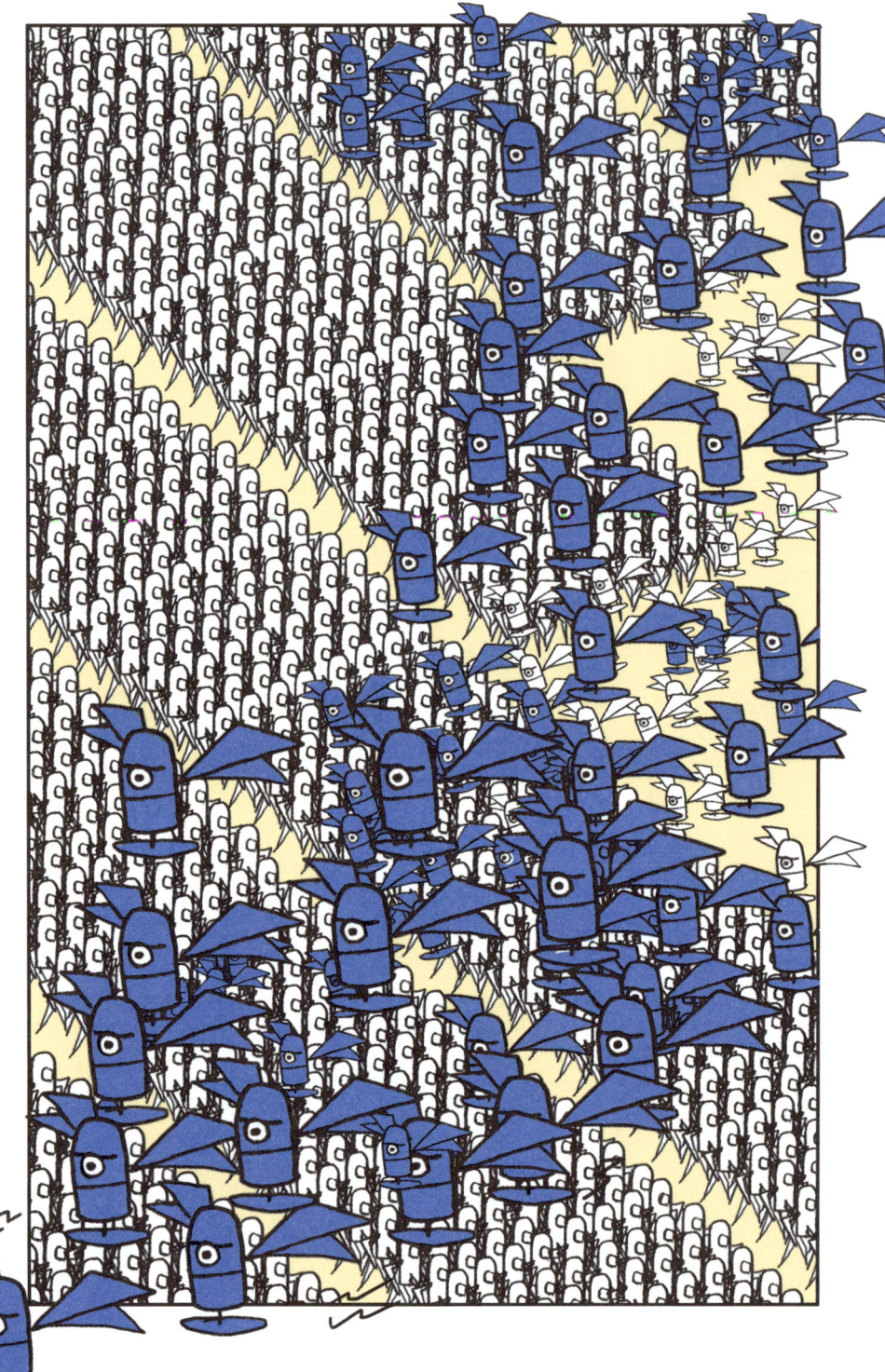

정말로 그런 일이 일어날까? 그건 아무도 모르는 일이야.
해커를 막는 화이트 해커처럼 나노 기계로 나노 기계를 막을
수 있다면 좋을 텐데!
과학자는 자연을 믿고 자연에서 배워.
지구에 수많은 세균이 있고, 세균이 시시때때로 증식하지만,
우리 몸속의 세포는 결코 세균이 무한대로 증식하도록
내버려 두지 않아. 세포는 분자 기계로 분자 기계를 막아!
효소와 항체 같은 단백질 분자 기계를 만들어 세균을
퇴치하는 면역 시스템을 발동해. 그래서 지구에 세균이
우글거려도 우리는 쉽게 병에 걸리지 않아.
우리도 자연처럼 잘 할 수 있을까?
36억 년 생명의 역사를 통틀어, 5천 년 문명의 역사를 통틀어
가장 흥미진진한 변화가 다가오고 있어!

무슨 일인가가 일어날 것만 같아!
나노 세계가 온다면 그리고 인류가 살아남는다면 놀라운 이야기를 쓰게 될 거야. 아이들은 할아버지의 할아버지에게 물을 거야.
"할아버지, '나노 혁명' 이전의 세상은 어땠어?"
"늙는다는 게 뭐야?"
"옛날에 사람들은 무슨 일을 했어?"

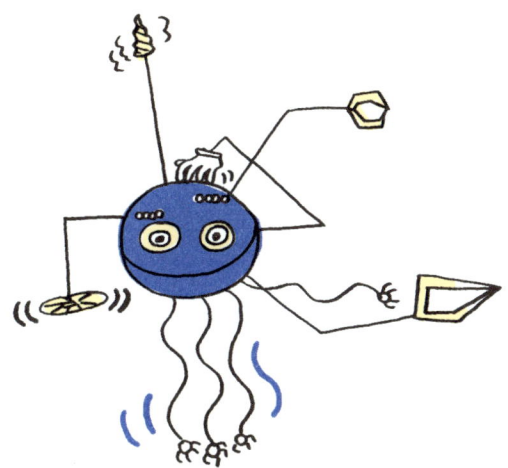

무한히 작은 것의 역할은 무한하다.

-루이 파스퇴르-

참고 문헌

에릭 드렉슬러, 한정환 역, 《나노 테크노피아》, 세종서적, 1995

루이 로랑, 장클로드 프티, 이수지 역, 《나노 기술, 축복인가 재앙인가?》, 민음in, 2006

레이 커즈와일, 장시형, 김명남 역, 《특이점이 온다》, 김영사, 2007

송해룡, 《나노와 멋진 미시 세계》, 한국학술정보, 2007

테드 사전트, 차민철, 심용희 역, 《춤추는 분자들이 펼치는 나노기술의 세계》, 허원미디어, 2008

이인식, 《나노 기술의 모든 것》, 고즈윈, 2009

서갑양, 《나노 기술의 이해》, 서울대학교 출판문화원, 2011

에릭 드렉슬러, 조현욱 역, 《창조의 엔진》, 김영사, 2011

블라트 게오르케스쿠 외, 박진희 역, 《나노 바이오 테크놀로지》, 글램북스, 2015

미치오 가쿠, 박병철 역, 《미래의 물리학》, 김영사, 2016

이봉진, 《나노기술의 세계》, 문운당, 2016

에릭 드렉슬러, 임지원 역, 《급진적 풍요》, 김영사, 2017

미래가 온다 시리즈는 공상이 아닌 과학으로
미래를 배우는 어린이 과학 교양서입니다.

01 **미래가 온다, 로봇**
김성화·권수진 글 | 이철민 그림

02 **미래가 온다, 나노봇**
김성화·권수진 글 | 김영수 그림

03 **미래가 온다, 뇌 과학**
김성화·권수진 글 | 조승연 그림

04 **미래가 온다, 바이러스**
김성화·권수진 글 | 이강훈 그림

05 **미래가 온다, 인공 지능**
김성화·권수진 글 | 이철민 그림

06 **미래가 온다, 우주 과학**
김성화·권수진 글 | 김영곤 그림

07 **미래가 온다, 게놈**
김성화·권수진 글 | 조승연 그림

08 **미래가 온다, 인공 생태계**
김성화·권수진 글 | 김진화 그림

09 **미래가 온다, 미래 에너지**
김성화·권수진 글 | 이철민 그림

10 **미래가 온다, 서기 10001년**
김성화·권수진 글 | 최미란 그림

11 **미래가 온다, 플라스틱**
김성화·권수진 글 | 백두리 그림

12 **미래가 온다, 기후 위기**
김성화·권수진 글 | 허지영 그림

13 **미래가 온다, 신소재**
김성화·권수진 글 | 권송이 그림

14 **미래가 온다, 스마트 시티**
김성화·권수진 글 | 원혜진 그림

15 **미래가 온다, 매직 사이언스**
김성화·권수진 글 | 백두리 그림

16 **미래가 온다, 심해 탐사**
김성화·권수진 글 | 김진화 그림

17 **미래가 온다, 탄소 혁명**
김성화·권수진 글 | 백두리 그림

18 **미래가 온다, 메타버스**
김성화·권수진 글 | 이철민 그림

19 **미래가 온다, 미래 식량**
김성화·권수진 글 | 박정섭 그림

20 **미래가 온다, 대멸종**
김성화·권수진 글 | 이철민 그림